欲望资本主义 2

黑暗力量觉醒之时

2

21世纪
资本主义研究
经典之二

欲 望 の 資 本 主 義

［日］丸山俊一　日本NHK"欲望资本主义"制作组◎著

袁志海　梁济邦◎译

浙江人民出版社

前　言

"欲望滋生欲望"的无限循环
将走向何方？

资本主义将走向何方？

第二期"欲望资本主义"节目的开场白是这样的：

"我们为了生存、为了财富、为了社会而工作，无论刮风下雨，这是资本主义永恒的规则。"

紧接着，是 20 世纪经济学家约瑟夫·熊彼特的预言：

"但是，资本主义将被自己的诸多成功所毁灭！"

这期节目的副标题是"黑暗力量觉醒之时"，即本书主要内容之所在。在这里，"黑暗力量"这一有些抓人的词语源自熊彼特，是熊彼特评论马克思时所用。当然，这里的意思主要是在探究驱动社会的力量的同时，评价该力量的本质。关于这一问题的探究，在接下来的对话里，还有本书后记中会渐趋明朗。那么，这个"黑暗力量"究竟是导致社会崩溃的主要原因，还是实现绝地反击的巨大力量呢？让我们拭目以待。

丹尼尔·柯恩是法国高端人才的代表，他不仅从经济学，还从社会学、文化人类学、历史学、精神医学等诸多领域，不断对资本主义进行"文明论"式的拷问。而与他对谈的，是大家熟悉的大阪大学经济学院副教授安田洋祐。他们的交锋，即思维敏捷的辩论是本书的主线之一。而另一条主线，是本书第一册中曾出现过的奇才托马斯·赛德拉切克，他在本书中与年轻的天才哲学家马库斯·加布里埃尔展开讨论。

值得一提的是，他们对话的中心论点就是刚刚提到的熊彼特思想以及卡尔·马克思的真知灼见。

现代资本主义的各种问题错综复杂，犹如不明病因的病人一般，让"大夫"无从下手。此时，只能加上修饰语"高度复杂化的体系"来解释。但如果这样做的话，本书的中心论题——"欲望资本主义"只会更加让人如堕五里雾中。

正因如此，我们是否可以不去纠结其复杂性，只简单地给它加上一个定义呢？

　　在我看来，所谓资本主义，就是以资本增殖为原动力的无限运动。

　　那么，我想试着给它再加上一点——那就是，它也是"欲望滋生欲望"的无限循环！

　　这句断言很大胆。直到今天，资本主义以何处何时为起点仍未达成一致。起点有分歧，讨论便会有分歧，在不同历史节点、不同的地域，会出现不同的资本主义体系。原本称系统框架为"体系"的措辞虽较为妥当，但也必须提出质疑。意识形态、经济、政治、地域状况、文化……在这些力量的多重作用下，形成了相互交织的诸多网络。同时，诸多欲望相互纠葛、财富分配不均。而它们就是产生资本主义的根源。这就如同台风一定会有"台风眼"一样，"台风眼"这个中心在不同的时期会产生出不同气流、不同漩涡。

　　高度复杂化的资本主义既然已进入其最终形态，就必然可以追溯回原点，并从中发掘其背后的时代气息和思想，在此基础上再尝试提问就能形成所谓的"欲望资本主义"。日本放送协会（NHK）综合频道播放的第一期副标题便定为"当规则将要改变时"。

　　如果单纯从"自我增殖"这一运动本身来看，其实资本主义单纯至极。如果能数据化的话，关于资本主义的各种数据就是一群一直增大的数值而已。纵观资本主义的漫长历史，可以清楚看到时代脉络对于实现个人自我增值所产生的重大影响。并且，滋生财富的规则，也在不知不觉中被巧妙改写。

记得第一期节目开篇我们这样说过："资本主义到底是什么？现在，我们生活在怎样的世界里？从资本主义开始确立的那天、那时起，规则改变了吗？"

"追求更快、更远、更好的一切……不知满足的欲望，一个加速的世界。"

在童话世界中，能率真地提出各种尖锐问题的，不是皇帝新衣的制造者，而是有着天真无邪眼睛的小孩子。在我看来，恐怕真的只有安徒生童话里的小孩才能告诉我们资本主义的未来在哪里。"增长"成为唯一使命，自身增长已成为绝对目的的现代资本主义，更需要注意的其实应当是GDP（国内生产总值）数值的无限增大。正是这种无限增大令人们由信赖转为怀疑。我们人类将走向何方，为了什么而脚步匆匆地飞奔？

为什么经济增长越来越慢？资本主义究竟靠什么增长？何为资本主义？让我们回归主题，将这些问题投之于世界级的经济学领军人物，开始我们的对话旅程。第一册我们曾有请一路沿着"王道"走来，又与时俱进地不断提出新问题的诺贝尔经济学获奖者约瑟夫·斯蒂格利茨、捷克经济学家托马斯·赛德拉切克、从优步开始投资新型商业模式的风险投资家斯科特·斯坦福德。三人虽秉性各异，但均走在现代经济学的最前沿。向三位提问的是大阪大学的安田洋祐副教授。在提问过程中，产生了诸如"亚当·斯密搞错了""资本主义增长并非必需"这些大胆而又极富思辨性的妙语金句，这些内容均被收录在本书第一册《欲望资本主义——当规则将要改变时》里。

在第二册中，这种极具思辨性的言语将会继续积累，使人明确感受到现代资本主义正处于特殊的拐点，不是单纯的后退局面，而是更大的挑战与即将来临的转型时刻。

资本主义究竟要走向何方？

现在到了深思资本主义本身的时刻了。因为不思考这个问题，就无法解析现代社会的发展方向。

今天，对于经济几乎没有增长的世界来说，还存在着一个大问题，那就是财富积累的速度放缓，人们在分配及相互争夺有限的财富时，实际已划分为三六九等。虽然经济学上用"差别"来表示这一问题，但其中包含有政治信条、宗教价值观、生活方式等诸多重要差异。在人类生存层面，一直出现各种断层、分裂状况。要解决它们，就必须要有能综合理解、全面解读现状的智慧。资本主义制度好像一台能发挥奇特力量的离心机，在它的长期作用下，少数富人与多数穷人进行着两种极端的分配。对此，我们应该怎么面对？我们又将再次开始踏上重新审视容易打破民主主义秩序的资本主义本质的思想之旅。

再重复一下文章开头的定义。

所谓资本主义，就是以资本增殖为原动力的无限运动，也是"欲望滋生欲望"的无限循环。

我们怎么深入理解这一主题呢？接下来能看到什么呢？

请大家继续跟我走进"欲望资本主义的世界"！

日本放送协会公司制作本部节目开发高级总负责人

丸山俊一

目 录

第 一 章

"新科技并未带来经济增长"

丹尼尔·柯恩
(Daniel Cohen)
巴黎高等师范学校教授
曾参与国家政策运营
是法国智者的代表
著有《经济增长的魔咒》

丹尼尔·柯恩与安田洋祐对话

1. 如何从被规则支配的悖论中摆脱？

经济学作为一门学问，总是伴随着反转、对立，甚至是非条理性而存在。如"合成谬误""囚徒困境"这类假设，从局部看应该是积极的行为，可放到整个社会全面看又变得消极了。即便是为对方考虑而做出行动，最后也往往事与愿违，顾此失彼更会成为家常便饭。随着时间的推移，悖论越来越多的出现，令人们不得不重新思考资本主义的本质。

其实，在《欲望资本主义》第一册中便提到，亚当·斯密在《国富论》里肯定了利己之心，但又在《道德情操论》里把共鸣作为人与人之间能相互协作的基本前提，这就存在着论述的两面性。同样，凯恩斯在设定投票奖励的规则时，又抛出让人很难理解的"选美投票"现象来诠释市场经济原理的多重性。然后是马克思形容商品变成金钱，金钱又变成商品的"致命的飞跃"，以及在这飞跃中潜伏的不可思议性等。当然，熊彼特的"资本主义将被自己的诸多成功毁灭"也会在本书中详细涉及。总之，在经济学巨人的言语里总会有一连串悖论的大罗列，让人看到他们的思想其实也是有两面性的。

"科技迅猛发展，为何经济还是低迷呢？"

柯恩与安田洋祐的对话，从这个紧扣现实的悖论开始。现代法国的高端人才代表丹尼尔·柯恩在谈吐中评论精彩、妙语连珠。在他口中，技术发展、生产率提高、社会变得富裕起来，这些常识性的三段论被说得明明白白。但是，柯恩也叹息这三段论只能适用于产业社会，只能用于以制造业技术为中心的时代。可是，技术越发达，与之相对应的贫富差距就越大。追求物质丰腴、行动便利的社会而进行的技术开发竞赛，虽令新技术不断推陈出新，带来的却是极个别人的财富集聚。这才是现代资本主义最大的问题或悖论。

柯恩作为经济学家与政治家，视野极其宽广。他将哲学、社会学、文化人类学的思想，甚至最新的科技创新及人工智能所带来的变化等，都用"文明论"的观点跨学科、跨领域地予以解析，其中还展现出灵活的思考辩论之意味。他不是单纯的博闻强识，他不仅能根据时间、空间的变化随时调整课题的研究方向，同时还能创造各种假设朝着目标勇敢地进行连续挑战，宛如足球场上在场地来回奔跑的球员。

　　在本册中，与柯恩对话的是日本大阪大学安田洋祐副教授。其专业为经济学，除此之外还擅长游戏理论、市场设计等，也是日本经济学界的年轻才俊之一。从研究近代经济学一路走来的安田副教授曾"贪婪地"洞察各种经济的外部要因，结果他发现虽然近代经济学研究的就是"在经济不断增长的同时，如何更科学地在各阶层间分配"问题，但是其方法论今天已经走到穷途末路，即无法合理解释现状。所以，要持续挑战研究被市场经济忽视的要素。

　　"对增长论唱衰的，基本上是那些即便收入减少也毫发无伤的富裕阶层。"这是安田最近在采访时提出的。另外，他也在继续摸索如何保持经济增长的方案、理论。并且，为了把近代经济学的潜力发挥到最大限度，安田洋祐一直在不断地学习各门新学科来充实自己。

　　在与柯恩对话时，他也把这个想法摆了出来。与柯恩的激烈思想碰撞，大家在阅读后就能慢慢体会。

　　两人在对话过程中，也产生出一个更难解释的问题，那就是究竟何为"增长"？

　　以理论来驳斥眼前人的逻辑，和想叫醒一个沉睡之人的用语是不同的。"富裕层/贫困层"这两个概念之间，我们特意地画上一个斜杠，为的是告诉大家每个人看到的情况也会发生偏差。为此，只有不断地提问下去，才能最终找到最佳解决方案或真理。

何为资本主义？何为民主主义？何为增长？何为进步？

安田与柯恩的对话其实想引出的是："为什么只有一小撮的超富有阶层才能享受到科技带来的红利？"两人围绕这个问题一直在唇枪舌剑：产业革命之时，从农业向工业的劳动力转移，那时产业转型在某种程度上是顺利的，可现在为什么不顺畅了呢？要用什么方法继续呢？大家也随着两人的一问一答，开动脑筋思考一下吧。

柯恩指出，现代人类"生活在前所未有的被经济规则支配的世界里"。对此，我们大家应该怎样考虑规则的转换呢？

2. 科技不断进步，为什么经济持续低迷？

安田：今天，世界经济面临着诸多问题。如发达国家的低增长率、贫富差距的扩大、反全球化的浪潮等。你认为，最大的问题在哪里？

柯恩：我认为最重要的是日本、美国和欧洲诸发达国家的经济增长速度放缓的问题。新技术的迅速普及，理应成为经济增长的引擎，但是这几个国家在过去 10 年间的经济反而停滞不前。今天，数字革命刚刚起步，新的科学技术成果正接二连三地涌现出来。相信数字世界将充满活力地领军经济领域，推进其加速发展。

不过，在发达国家中却看不到与之相应的经济增长。为此，美国经济学家罗伯特·戈登、美国前财政部长拉里·萨默斯都主张长期停滞论，认为这个问题很难解释。也就是说，新科技的发展似乎与经济增长关联不上。

今日世界正从 2008 年的金融危机中慢慢走出来。在大的金融危机后，经济低迷是司空见惯的事情。但真实情况是，金融危机之前发达国家的经济增长就在减速，现在的经济低迷和金融危机很可能没有直接的因果关系。我觉得，更有可能是因为发达国家的经济减速，才导致出现了本不应该出现的金融危机。

总之，当今世界经济迷雾重重、矛盾重重。虽有数字科技迅猛发展，可为何经济依然持续低迷？现在答案并不明朗。

乐观论调认为，技术革命刚刚开始，再过 10 年左右新科技对经济增长的助推作用才会出现。但是，也有人认为，现代科技的进步并不会给社会整体都带来好的影响，得到实惠的往往只有一小撮人。

现在，享受到科技红利的仅仅是一小撮超富有阶层。他们手持一部 iPhone 手机，便可以向世界任何一个角落发出指令；一次简单的点击，便可以支配世界各地的金融资产。他们享用最新技术轻而易举地监控世界各地。这些超富有阶层在智能手机普及之前，的确又蓄积了不少的力量。

但是，占人口绝大部分的中产阶级，服务业、金融业、保险业人员，还有 20 世纪 50 年代到 60 年代产生的担任事务性工作的人员并没有得到任何益处。有的新科技成果甚至取代了某些行业的员工，即员工的工作被机器取代。今后，能硬撑着生存下来的也许只有从事餐饮业等薪水较为低的行业。因为，这类工作不可能轻易地被机器人或软件等新科技完全替代。

很多经济学家认为，新科技会引起更加严重的两极分化。上流阶层享受着新科技的巨大红利；中产阶级却受到沉痛的打击；最底阶层因极低的报酬而勉强养家糊口。这样我们终于清楚看到，新科技成果虽然渗透到人们生活的方方面面，却和经济增长沾不上边。新科技成果没有使生产率提高，反而夺去了大部分人的工作。更简单地说就是，新科技成果使许多人丧失了被社会承认的可能。

因此，新科技发展与经济低迷的悖论问题，完全可以通过分析新科技对经济增长带来的正面影响，与对大多数劳动者产生的负面影响来阐明。二者一正一负、互相抵消的关系，就能阐释经济增长停滞的倾向。

3. 中产阶级将失去工作

安田：您认为，新科技引起的两极分化是贫富差距持续扩大的原因吗？

柯恩：是的，这个结果有一贯性。因为新科技夺去了中产阶级的工作，人们只得去做更加低技能、低薪酬的职位。最后，只有控制科技的资产阶级，才能够独占红利。

这样的思考结果，恰好也解释了今天资本主义国家经济低迷与收入差距增大的现象。美国最明显：在美国 10% 的最富有阶层独享了过去 30 年的经济增长红利。新科技只让 10% 的最富有阶层独享，剩下 90% 的中、下阶层则被压榨着。

其背后也许有别的因素。当然也有劳动工会弱化等社会秩序变化的影响。然而考虑了全面的因素，就能理解新科技的繁荣与经济低迷同时发生的原因。高效且高速的新科技不仅没有帮助中产阶级工作更轻松，还夺走了中产阶级的工作。

安田：在法国、日本财富集中于资产阶层的现象不像美国那样明显，这些国家是否会慢慢地向美国接近？还是会走别的道路？

柯恩：最有可能会缓慢地走上同一条路。在美国，生产率和收入是一对一的关系，有生产率就可以得到收入，没有生产率收入就是零。

安田：就像经济学教科书中所说的。

柯恩：是的。这就是新科技出现反而令贫富距离拉大的缘由。但是，在欧洲、日本将新科技的生产率反映到薪金上还会有一段时间。在保险公司、银行工作的人们会暂时保住职位。因此，其变化过程较为平缓。当然，不能由于其变化过程缓慢，法国就不会出现与美国相同的情况。只要分析一下雇用产生的规则，就会明白欧洲也已经出现并接近两极分化的现象。

但是从薪金来看，与美国相比，也许日本、法国还得长时间在低位中行走。这是美国和别的国家不同的原因所在吧。美国与别国的现象不同，也许应该探索其相应的原因，也就是说可能是走的道路不同。

另外，的确在任何国家都能看到新科技的力量。那么接下来，会产生什么，会形成什么样的社会？让我们拭目以待。

　　今天的美国，很多常规工作已经被新技术代替。从事这些工作的人就会失去工作职位，这种情况在世界各地也将发生。

4. 没有为失业接盘的产业

安田：新科技成果使很多人失去工作，既而增加了人们的不安情绪。当然，也会有新的雇用方式产生。那么，这一变革对社会的整体影响该怎样评价呢？

柯恩：这就又回到了机器人、软件是否可以完全代替人类工作的问题上来。人们很早以前就开始担心这个问题。创立了君主专制、结束了军人皇帝时代的罗马帝国皇帝戴克里先有一件有名的趣闻轶事。他曾经由于担心劳动人民的粮食被掠夺，而反对使用新发明的运输工具。由此可见，科技和器械会取代人类的想法从古至今都有。事实上，科技给人类的劳动的确带来了不小的影响。

最显著的例子就是农业。今天，由于技术革新很多农民被剥夺了工作，因此在发达国家几乎没有农民。法国现在占劳动人口比是1%~2%，日本农业人口也很少。由于技术革新、生产率提高，较以前需要的劳动力自然就少了。结果发生了什么呢？可以看到和现在的情况惊人地相似。

纵观整个 20 世纪，法国、美国和日本的农业人口均在急剧减少。这种趋势从法国、美国开始，后来波及日本。20 世纪初期的农业人口占劳动人口的 40%，现在竟变成只占 1%~2%。

脱离农村的农民走向城市，成为工人。农业虽供给过剩，可在工业革命热潮中的城市里却劳动力不足。工业革命即技术革新使得农民成为工厂里的工人，劳动人口从农村流向城市迅速增加了工业革命带来的经济增长。

20 世纪经济的急速增长，就源于这两件事情的同时发生。农业生产率的提高使粮食变得廉价，这样在机械化的新工厂里工作的人自然就增加了。

失去工作的人们离开农村流入城市，在同一时期，如果不发生工业革命，会怎么样呢？那么在城市就会产生社会性紧张对立，而且不会产生经济的急速增长。正是由于农业生产率的提高，造成了农业工作的减少，从而带动了经济的增长。

我们现在所经历的也许就是那样的事。由于技术革新与生产率不断提高，很多人失去工作，但是没有为失业接盘的产业。在银行、保险等第三产业已有很多人失去工作。这些人被新科技成果夺去了职位，也找不到比以前效率更高、报酬更高的职业。即使找到新的工作，生产率也不太高，这样就产生了更大的收入差别。

丹尼尔·柯恩对未来忧心忡忡

但是，社会并非不需要很多劳动力，需要劳动力的职位只有医院、教育部门、养老院等。然而，这样的服务费用超高，想利用的人很难如愿。一个老人雇上两三个人来照顾自己也不现实。换句话说，老人能利用的服务业，其行业生产率还不够高。因此，我就可以理解在世界上老龄化最高的日本，不得已导入护理机器人的事情。这是护理服务的劳动力不足造成的。

也就是说，现今社会存在的最大问题不是科技夺去了人们的工作职位，而是人们不能在经济增长领域获得适当的薪金，也不安心于比以前更低生产率的领域里拿着低薪水的状态。

5. 高学历照样有失业风险

安田：在农业向工业的转型时期，农业技术革新和工业革命几乎同时发生，城市的工业化才能接纳来自农村的剩余人员。但是，现在因信息通信技术（ICT）和人工智能（AI）之类的新科技而产生的剩余人员却无路可走。因此，会有很多人失业，人们会感到焦虑不安。

柯恩：的确如此。现在，我们处于新的转型时期，理解这次转型的内涵非常重要。之前从农业到工业、从工业到服务业的转型意味着什么？我们比较容易想象到，只是工作地点由农村到工厂转为从银行或保险公司当白领到失业的不同而已。

当今世界最让人感到困惑的是转型后的世界情形不明朗。新入职的人和刚失去工作的人被分隔开，在同样的组织里发生着。同样的产业、同样的服务业中，新科技已开始改变劳动者的生活模式。

为了理解其变化性质，我们就必须从与经济相关的文献中读到常规工作和非常规工作的区别。这也是一个很意味深长的概念。

从某种意义上来讲，以前以工业和农业来区分职业，会给人一种安稳感。特别是 20 世纪 80 年代以前，技术的进步对于拥有技能或知识的劳动者，或者高学历的人们比较有利。那个时代，人们相信只要能接受教育，任何人都会拥有技能，从而接受技术进步带来的益处。所以，大家都能安下心来工作。

但是，人们也早已发现，不管从事什么工作、不论处于什么地位，只要是重复性的工作，就有被科技替代的危险。例如，即使是高学历、拥有充分知识和技能、高收入的贸易职员，其工作也可能被人工智能替代，进而有失去工作的危险。

现在已不像过去，仅靠高学历再也不能保住自己的工作了。事态更加复杂起来，这与之前的危险性质相异。如果是重复性工作，职位就会受到威胁。我们经济学者也一样，现在只要进行录播，无论谁、无论何地都可以收看同样的讲座。所以，总是讲一成不变的内容，讲座的机会便会减少。我们会因不断重复而面对危机。

6.人类面临必须像艺术家一样生活的时代

　　计算机替代不了的只有非常规工作，这种观念使人们感到巨大压力。难道我们都得变成艺术家才行？弗洛伊德在作品《文明及其不满》中认为，像艺术家一样生存是不可能的。一个人不能把自己的人生弄得像艺术家的人生似的。原因在于艺术家很不幸，他们总是焦虑自己缺少创造性而活不下去。仔细想想，这真是太可怕了。

　　试想一下，一直当别人情人的生活。谈恋爱挺好的，但仅仅基于恋爱的生活绝对是不稳定的，总有一天会分道扬镳。所以，仅靠恋爱来生活是危险的。同样，一门心思只想像艺术家一样生活的想法也是危险的。

　　因此，有个稳定的工作是多么好的事情。每天去单位，与同事打招呼，且都知道该做什么。虽然只是重复日常的工作，但从弗洛伊德的观点来看这是非常好的，因为这种工作可以缓解个人与外界交往的紧张不安。可以说，这才是文明吧。

　　现在即将开始的或者正在进行的新科技革命，经常会

使人紧张，总会令人质问自己到底擅长什么？这样做只会
产生压力和紧张感，进而为此耗尽自身的精力。因为有机
器参与竞争，人的能力被要求发挥到极限。所以可以说，
引入新科技的本质就是破坏今天的文明。

工业文明，是一种不断重复的文明。因为工厂的生产
线作业等是为了系统效率的最大化，为此要求重复去做相
同的工作。

就像工业社会曾打破农业生活一样，我们正打破旧的
工业概念踏入新世界。我认为，这和 20 世纪改变人们生
活的革命一样，是同样重要的革命。

7. 最低生活保障制度是一个解决方案

安田：如果有最低生活保障制度，我想成为艺术家或许是一件好事。因为不管其收入或资产的有无，能无条件地支付个人最低限度的生活必要保障的政策就非常好。我认为，随着劳动环境的变化，必须要推行这种新型的社会保障制度。您认为怎么样？

柯恩：我想说，做一个艺术家与生活保障问题完全不同，一直过着像艺术家的生活会很辛苦的。从一生来讲，永远维持高产是很难的。例如，我在大学里作为经济学者供职，一直在两个舞台上奋斗：第一个是作为研究者尝试研究新的创新性问题；第二个是作为教育者将自己所学的很多知识传授给下一代。如果单纯只当一个学者，这两个舞台之上所做的事就会发生变化。

学者走的都是这样的路。首先，作为研究者起步，探索人生的各种可能性。接着，开始追求安稳，变成满足于传授生活的模式，而不关心创新。因此我们可以发现，抛开物质性的问题，要求人们一生持续不断地追寻新的发现是很难的。

当生活有了保障，过艺术家的生活幸福不幸福暂且不论，但在新科技成果日新月异的社会里，最低生活保障制度不失为一种解决方案。因为，在当今社会找工作是前所未有的艰难。

20世纪之前的时代和现在不同，当时人们只要根据自己所处的地位和环境不同，便能相应地决定自己在社会上所获得的权益。无论是否就职，还是产假中、失业者、退休者等，社会保障制度都能按照其相应的状况来提供保障。

对于劳动者来说，确实需要一种一生不被社会抛弃的保障机制。所以，我赞成确定一种不拘泥于现状，可以享受最低限度生活保障的基本理念。这样可以帮助人们应对人生中的各种不确定性。当然，更现实的问题也会摆在面前。那就是支付额度为多少？是人人均等的吗？要找到大家满意的方法真不容易。

2017年春法国总统大选时，有个候选人曾提出这个问题。虽然得票最低，但是有勇气拿出最低生活保障制度来加以讨论就值得肯定。我认为，这是可行的制度。只要制度设计合理，制定一种可以帮助人们度过人生低谷的最低生活保障制度，在法国这样的国家是可行的。

之所以 20 世纪 30 年代时美国经济危机那么严重，是由于工业危机引起的大量失业者不能立刻回到农村工作所导致的。19 世纪，法国、英国、美国有多次经济危机发生。但那时，人们还可以回到农村，并能找到一些相当安稳的工作。

20 世纪 30 年代，美国失业者已无法回到农村。因为农业已由于技术革新陷入供给过剩，也就是说农村也发生着危机。所以作为对策，美国设立了社会保障制度。而面对现在的艰难形势，我认为有必要制定更新的制度对策。

8. 要么创新，要么死亡！

安田：再说一下常规工作和非常规工作的区别。这个和马克思的"劳动价值理论"有关。区分常规和非常规工作的想法，和马克思的最开始的想法是不是很接近呢？

柯恩：是的。未来常规工作将被剥夺，好似机械、机器人一样，重复同样工作的劳动者处于被剥夺工作的状态。和马克思最初想的仅仅夺走生产的商品不同，今天也剥夺每个人的技能。因此，在工厂进行流水线作业时，资本家需要忘掉是活生生的人在工作这一因素。

例如，1968 年的五月革命（以巴黎学生运动开端，扩大到整个法国，甚至波及很多国家的大众运动，成为戴高乐总统下台的契机）中，资本主义制度受到最多非议的就是这个问题。学生、工人们反对将劳动者机器化，使人只会重复劳动。讽刺的是，直到现在这种反对意见还不被重视。而这样的重复工作因为科技进步渐渐消失。

现在，追求创新成为人们的义务，每个人都必须有创新思维才能生活下去。"不想成为机器人，想成为真实的自我"的愿望和"要么创新要么死亡"其实是两件不同的事情。如果像安田先生那样借用马克思的话来说，应该说现在是榨取创新思维的剩余价值，即只不过是从榨取体力变为榨取脑力而已。

然而，如果最低生活保障制度完备的话，我认为这种转化反而是人心所向的。我们已从榨取劳动价值转为榨取创新思维的社会，不仅压力会越来越大，剩余的创新思维也会像工业时代一样，达到最大限度。但是，如果有最低生活保障制度的话，人们就可以对这种榨取说不。

安田：即使利润的源泉发生变化，追求利润最大化的结果还是一致的。

柯恩：是的。常规工作被榨取的是体力，现在榨取的则是创新能力，即脑力。某种意义上说，是进了一步。但是，都有同样的矛盾问题，同处于一种极端的状况罢了。

现在总体的社会情况只有在未来才能完全理解。1968年5月前后，工业社会已发展到极限这种认识是正确的。然而，预测从工业社会走出来就是永远的和平年代的想法却是错误的。当时的人们不知道，消费社会是可以存续的。

正如凯恩斯20世纪30年代所暗示的那样，如果不需要劳动，社会将会变质。实际上，20世纪60年代生育

高峰出生的这一代，不仅在日本，也在法国、美国等国都
发出了时代最强音，认定他们自身的使命是构建后物质主
义。而且当时的人们也都这样认为，但事实又如何呢？

其实，现在社会各种经济问题依旧存在。当今，要
进入后物质主义世界所要求的是能提高生产率、有创新能
力、战胜夺去常规工作的机器。我们刚从工业化走出，就
又步入了 AI 化，只能说是紧张感倍增。

今天，我们并非从经济社会转型到后经济社会，而应
说是处于前所未有的被经济规则所支配的社会。我们正在
一点点接近人类社会的真相，可是其带给我们的只有巨大
的失望和幻想。

9. 转型到后物质主义的可能性很小

安田：当今，物质主义开始走向终点，至少在青年人当中，物质性的欲求已发生变化。例如，有迹象表明他们正以共享经济、互联网为媒介去参与社会。

柯恩：我的见解稍微不同。我们未必是从物质主义走出，反而是正在物质主义当中越陷越深。确实，互联网巨头 GAFA（谷歌、苹果、脸书、亚马逊）不去追求超高利润的话，互联网的世界一定程度反映着后物质主义的理想。

换句话说，不是我们不用工作了，而是对于年轻人来说他们不知道做什么工作好。如这次的讨论，也是从找不到工作会怎么样的话题开始的。

事实上，能不能从物质主义走出来的问题，相当于能不能转型到对不重视金钱的社会的问题。虽然现在情况还不明朗，但未来是一定会如此的。

我认为，在现代社会里存在着一种矛盾，即人们想从经济社会的世界走出去，但又不太可能。因为人们有购物和居住的需求，也需要为子女的教育和父母的医疗护理而开支……还有许多要花钱的地方。为了获得收入，工作就显得非常重要，在难以找到工作的社会里，从物质主义走出来会难上加难。

丹尼尔·柯恩正在解释自己的理论

实际上，我们必须花钱买的是什么呢？免费就可以得到的东西到处都有，大家想一想是不是。

我们用金钱要买的与在哪里住、和哪些人相处有关。没错，想和别人一起生活本身是需要花钱的。独自一人拿着电脑去海岛上晒日光浴，悠闲度日不需要花多少钱。但是，想和别人扯上关系来生活则是要花钱的。很遗憾，每个人都有和其他人相处生活的需求。不同他人交流的话，便会在生活中迷失自己。

我说一个身边的例子。我的一位朋友在乡下找到了一处合适的房子。但村里没有人住，房子的价钱和白给差不多。因此，他同几位朋友一起买下了整个村庄，计划以后一起来这里度假。谁又想过，这样的休闲是不可能持久的。问题是大家必须同朋友一起度假，不然一个人生活很快就会觉着索然无味。

也就是说，和他人一起生活是需要付出代价的。比起乡下，城市很多配套设施都会更好些，比如孩子的学校。这样的生存环境会提高生活成本。这就是当今社会转型到后物质主义的可能性很低的重要因素之一。

20世纪70年代，很多人想既住在城里，又能像我那些朋友们一样去乡村休假。但是，他们最终却都止步城市，像在一座监狱里一辈子陪着同样的狱友生活。于是，这些人又想从城市出来，回到乡村。这就是所谓的文明的代价吧。

安田：这真是个非常有趣的故事。尽管一个单身者可以轻而易举地搬到乡下农村，可就像你说的独自生活会出现诸多问题。所以，必须经过思考才能两全其美。

柯恩：这就必须为思考到的解决方法错误导致需求不足付出代价。那也是一个方法。1995年获得诺贝尔经济学奖的芝加哥大学罗伯特·卢卡斯教授曾问过一个问题,我们仅为和其他人在一起,究竟要花多少钱?他在其理论中把这个问题和生产率关联。所有人和物的环节都是相互补充的,因此他认为要提高生产效率就必须要把人集中起来。

关于这一点,我认为卢卡斯的观点已不太适合当今情况。由于互联网的存在,人们想互相联系已不必在同一个地方。实际上,我们为了和别人联系,就需要消费东西、花费金钱。

新古典经济学创始人阿尔弗雷德·马歇尔以外部性问题为基础,解释了人们为什么想住在一起。比起马歇尔的时代,如今的外部性问题更加重要。

10. 互联网会成为新的 "看不见的手" 吗？

安田：确实，世界并不是扁平化发展的。今天，大量的高科技公司都聚集在硅谷，即使可以使用互联网和高速通信，地理性的聚集还是具有很大的优势。

说到互联网，我想再请教一下。互联网从出现到现在已经有几十年了，这期间互联网怎样改变社会？而未来互联网又会把社会带向何方？

柯恩：在经济社会中，互联网使原本的市场构造改变了。就像爱彼迎、优步等互联网企业，互联网把生产者和消费者紧密连接在一起，使其市场功能高效化，从而强化了需求和供给。

如果能借助互联网，理论上就不需要借助别的帮助了。互联网就像一个非常优秀的市场，可以使需求方和供给方直接见面，确实像亚当·斯密说的那只看不见的手在起作用。因此，资本主义社会在某种程度上也可以不考虑中间商，还原为纯粹的市场经济。

其结果便是企业、组织原本承担的市场媒介作用渐渐消失。这可不是什么好现象，企业、组织在市场和村庄之间建立一个中介机构，人们可以在其间工作和领取工资，以获得安全感。在日本这个很好理解，企业具有社区的功能，如果背离市场原理，就必须和员工一起承担一定的风险。员工所在的部门运行不好的话，可以调到运行好的部门继续工作。

但在互联网创造的无工厂、无企业的世界里，企业应承担的角色重要性也有所削弱。由于互联网的出现，以前只能在公司做的工作现在可以外包出去。例如：会计及税务等相对定型的工作就采取外包形式，外包后企业财务部门的人员便可以大幅缩减，公司的职能也会相应减弱。

不过，在思考互联网影响大小时，首先被大家注意到的是市场作用的强化。与其说互联网削弱市场作用，倒不如说其在增强市场作用。

同时，互联网也加剧了竞争压力，当今谁都能感受到竞争的压力。但其中不包括 GAFA，GAFA 使其他企业和人员处于强烈的竞争社会之中，他们自身却泰然处之。由于他们是巨无霸，没有竞争对手，便可以坐山观虎斗。于是，互联网世界的赢家只给别人带来竞争，其自身却可以回避竞争。

我们可以认为，互联网是削弱曾称霸世界的企业的原动力。在市场力和非市场力之中，可以说这是增强市场的力量，而不是削弱。当然比较起来，也促进了非市场主导作用的其他活动。

安田：我认为中间组织、特别是企业的重要义务就是保护员工。

柯恩：是的，企业的确有保护员工的义务。美国经济学家奥利弗·威廉姆森在其著作《市场与层级制》与《资本主义经济制度》中指出，市场、企业和组织确实存在，但其所依据的规则却不一样。一方面企业之间存在竞争，另一方面企业内部又有相互协助关系。

外包业务增加就是一个例子。企业一边保持着其优势，一边将不需要在自己企业内部进行的业务尽量推给外包，结果就是外包业务竞争越发激烈。这对我们经济学家是好事，可对于普通民众却是件坏事，因为这意味着压力正在无限增加。

在互联网社会里，一方面纯粹的市场原理在发挥着作用；另一方面企业的义务降低，大部分人只能处于激烈的竞争之下。

11. 经济学家这一职业的极限

安田：作为经济学家，我想问一个私人问题。您的研究范围非常广泛，不仅在经济学上，还有经济史、哲学及马克思主义。那么，您认为经济学的未来会怎么样呢？还有，为了正确解释、分析近年的复杂经济形势，经济学应该如何发展变化呢？

柯恩：整体来看，经济学家从事的工作很卓越。他们可以努力地去研究我们所处时代的特征、商品交换的特性、劳动市场的特性、企业内部劳动组织的特性、科技进步的模式以及历史背景等，然后总结成理论使经济学获得更大的发展。但我有一个弱点，那就是我所研究的领域是宏观经济学。

众所周知，20 世纪 30 年代以来，以凯恩斯经济学为契机，很多问题已找到了发展方向，而且是好的方向。由于凯恩斯理论的出现，使我们能更深入了解宏观经济体系是怎样起作用的。也就是需求、供给、雇用的相互作用。不仅要部分地去理解经济体系，也知道了体系整体应如何作用于社会。

但现在，这方面的研究成果不容乐观。即便经济学者之间展开了诸多的探讨交流，可依然不能预测金融危机。甚至连预测金融危机怎样在世界范围扩大，也是非常困难的。为什么现在世界各地都在通货膨胀，可就业率仍旧非常低呢？我想很多人已经发现，传统的凯恩斯学派不足以解释通货膨胀与失业之间的关系。更无法解释金融宽松政策，会对产品、资产的价格产生什么影响？

安田洋祐向丹尼尔·柯恩提出问题

对于这些基本性问题，当今的经济学家感到非常尴尬，应该承认他们还尚未将宏观经济学活学活用。我们应该是继承凯恩斯学派，还是应该反凯恩斯学派呢？宏观经济学面对的基本问题是要从科技的进步、劳动市场、企业、金融市场等方面，归纳并总结出有一套理解世界经济发展的理论，而当今的宏观经济学正缺少这个。

虽然这么说，我也并不想激烈评判经济学领域。因为表现不好不是谁的错，也不是批判性的。从全球的观点去理解个体事件的相互关系是很难的。难于理解的原因很多，也许有过于复杂或者非线性的原因吧。

其实，经济学和气象学一样。我们都知道自然的法则，但就是不能预测 1 个月后的天气。我们虽能预测明天或两三天后的天气，可由于预报本身是高度非线性的，所以一周后、一个月后的天气状况就无法准确预测了。

换到经济学领域也可以这么说。要解析世界经济的全貌过于复杂，也许已到达经济学的极限。和气象学一样，我们只能理解一部分现象，但不可能预测大的历史趋势。

也许再过十年二十年，再去问经济学家有关增长率、失业率趋势的问题，仍旧不会有确切的答案。这里不是说由于经济学家不是科学性的。就如同气象学家不能预测一个月后的天气，经济学家也是同样无法预测一个月后的经济状况。

经济学在理解世界问题上遇到了天花板，2008 年的经济危机对于经济学家也许是个"小小的教训"。关于经济学家的职业极限，我认为就好比达尔文的进化论一样，相信物种的进化不是由于设计，而是突变和自然淘汰的结果。

为了进一步扩展经济学的领域范畴，可以认为这就是社会的进化论。不看到结果就不知道什么会留下来。就像20世纪80年代，没有一个人预测互联网能发展到现在这种程度。

安田：那么，现在经济学家或者经济理论还在继续更新呢，今后会产生新的理论或者思想，没错吧？

柯恩：是的。10年以后，真不知道世界经济会发展成什么样。有人预测亚马逊会成为世界上最大的企业。脸书最开始也只是上传个人照片，可谁又会想到它也会成为世界领先的企业呢？同时，像IBM这类世界级企业，在科技迅猛发展的大潮下，却成了快要灭绝的恐龙。

企业多种多样。特斯拉汽车公司到底会成为汽车行业新的领跑者，还是在泡沫化下终结？预测真的很难。企业能不能成功，就像长颈鹿的进化一样，看不到最后的结果谁也不清楚。这是一个朴素的教训。我们只有看到结果了，才可能理解事实真相，然后才能去做基于理解之上的可能的事情。但是，对于宏观层面现象的理解，存在着玻璃一样透明的天花板，它虽无形，却无法逾越。

12. "预测未来模型"的荒谬

安田：现在，宏观经济学的主流是新古典主义经济学。经济学者一般愿意制作单一的模型，并用这个单一的模型去解释所有的重要现象。如果有关于宏观经济学的新想法或理论产生的话，是否仍会成为单一的理论，还是和别的理论组合在一起呢？为了经济学更好的未来，哪个会更好呢？

柯恩：这个问题很难解答。

安田：是的，谁都不清楚。

柯恩：我本人非常期待经济学家的新动向出现，大家都知道当今几乎所有的模型假设都是不合理的。尽管在宏观模型上还看不到进展，但经济学家们对宏观模型关联的尝试性研究越来越多了。我的很多同事也借用物理学和生物学的非线性模型来分析研究重要转换点之后事物将怎样发展变化。我很期待这样的研究，因为利用这些模型可以更好地理解世界。

但是，如果有一个能预测未来的模型，再按照模型来预测未来，一定会出现预测未来失灵的情况。也就是说，无论有没有能预测未来的模型存在，未来都会改变。这样，如果有预测未来的体系，人们就会对其预测的可能性下赌注，进而引起危机的悖论。这和美国经济学家明斯基提出的"金融不稳定假说"有相通之处。

实际上，过去曾发生过这样的事情。在 2006 年和 2007 年，世界上很多宏观经济学家预测世界经济是安全的。正因为有这样的预测，很多人便在这上面下赌注。可之后发生的事情大家都清楚。其中，存在大家经常看不准的内部矛盾，连我也不知道其复杂性的均衡点在哪里。当然这只是一个说法而已。

安田：的确如此。这也是预测经济危机有多么难的理由。如果能预测资本市场会崩溃，市场也会应对，从而产生另外的结果。

柯恩：这才是重要的一点。假设我能预测两年后会发生金融危机，人们以某种理由确认我是正确的，那么金融危机很可能马上会发生，而不是两年后。因为人们都会去准备相应的对策。

我认为，将其内在的不安定性完全模型化是很难的。正因为有内部矛盾，所以我们预测未来的能力是极为有限的。也许这个议题已过于理论化。

　　说的再简单一些，很多人、很多国家、很多市场的相互关系过于复杂，上面提到的将经济学比作气象学更容易让人理解。我们应该承认预测未来的能力有极限性，并以此为前提来具体行动，这一点不应该发生变化。

13. 20世纪70年代，推动世界的不是欲望

安田：本节目的名称是"欲望资本主义"，是尝试思考资本主义原动力之一——欲望是如何改变社会规则的。正如马克思也提到对于金钱、物质的崇拜。你也说过经济的复杂性。其中一部分在马克思时代已经看到了，马克思注意到人们的欲望会将经济复杂化。这是一个很模糊的问题，关于这点，我想听听您的看法。

柯恩：我觉得资本主义不像马克思主张的因欲望而推动那么单纯。马克斯·韦伯在20世纪初曾有部分主张与马克思相反。

马克思指出欲望无处不在，所以古代商人和现代的资产阶级一样都有欲望，欲望也不是资本主义的特征。也许可以说，欲望是人类部分活动或者关联性的特征。

20世纪初的资本主义就像韦伯所说的，是根据新教徒，特别是17世纪末在英国拥有权威的清教徒的禁欲模式来作为行为规范的，而新教徒的禁欲模式就是储蓄。赚来的钱不是全部用光，而是为了将来、为了子孙、为了

人类的未来而留下一些。如此，人类就不再会仅仅贪图金钱了。

对于韦伯来说，所谓的资本主义就是将欲望合理化。而欲望不是合理化必需的要素，仅靠欲望也是不全面的。欲望可以成为原动力，贪婪的人为了金钱啥都可以做。但那不是资本主义，资本主义是忍耐的合理化过程。

在美国虽然有几次清教徒论调衰败的时期，但整体上清教徒性的社会还是根深蒂固的。人们在 20 世纪 20 年代曾经一度是可以用信用来消费的。在那之前，必须储蓄存钱，因此支出可不是一件随意的事情。金钱作用是为了促进社会的生产效率提高，所以要带着尊严来花钱。这就导致出现了消费比储蓄更加重要的资本主义模式转换。

但是，整个 20 世纪，就像前面提到的常规工作世界，总体来说并非是因欲望而形成的。而是机械化、劳动力的科学组织化。经营者不是股东，而是实干家。说起来他们就像发动机，他们的公司则是一个大的机械。20 世纪 50 年代至 70 年代，我觉着不是因欲望来推动世界；而是像韦伯所说的，是因合理化的努力来推动世界；又或者可以说是通过把劳动者科学地组织起来让社会运转来推动的。

20 世纪六七十年代，出现了反正统文化的生活方式。60 年代的披头士、滚石与 70 年代的朋克，其文化本质都是在对抗世界的合理化，也是对常规工作的批判，是与将社会组织成大工厂进行的对抗。20 世纪 80 年代，人们已经感到物质丰富起来，开始相信可以从物质主义社会走出来，最终转型到一个崭新的时期。

14. 后物质主义的幻想

柯恩：20 世纪 80 年代，出现了耐人寻味的里根 - 撒切尔革命。这场革命有两个目标。其一，从旧的社会形态中走出来；其二，平衡财政政策。经济危机的产生，令人们认识到不考虑物质生产的后物质主义时代已经到来的想法是错误的。如果不进行经济改革，贯穿 20 世纪的经济增长就会马上结束。

里根 - 撒切尔革命不仅是经济革命，更是道德革命，想使世界回归到之前清教徒式的时代。也使 20 世纪六七十年代青年人的反正统文化得以消亡。里根他们认为，道德革命最后是成功的。

但是，保守派的道德回归希望落空了。嘴上说着要道德回归，可实际上带来了物欲的胜利与不道德的繁荣——我写的《人类经济 1 万年与 21 世纪的世界》中便有一章专门研讨这个问题。

正是里根 - 撒切尔革命，把欲望作为经济增长的原动力解放了出来。

20 世纪初期的汽车制造行业

事实上，里根－撒切尔革命的"成果"和马克斯·韦伯所说的资本主义完全不同。韦伯当时以独特的视角来捕捉资本主义。他的视角，在透过 20 世纪了解资本主义方面，是更加耐人寻味的。他认为，推动资本主义的，不是追求利润，而是机械化、组织化等诸多理念。

现在我们生活的世界是两个幻想破灭的产物：一个是没能实现的道德回归；另一个是没能到来的后物质主义时代。从某种意义上讲，我们生活在一个空白期当中。已经明白道德回归和后物质主义时代都是幻想的我们，根本不能确切地描述未来的世界。长时间以来，我们一直将我们所处的时代称之为后工业时代。虽然了解已经走出的世界，但一直不了解之后到来的世界。

相信后物质主义时代即将到来的那批生育高峰期出生的人们，和追求道德回归的里根们，实际上都只是在无意识地重复着工业时代所做的事情。工业时代带来了繁荣，生育高峰期出生的人们觉得这是理所当然的，因此欠缺对经济危机的认识。另外，工业时代赋予了各个行业以阶层意识和道德价值观。随着工业时代的崩溃，其价值观也烟消云散的事实，里根们没有注意到或者装着视而不见。

实际结果是：左派对后物质主义时代没能到来感到失望、右派在叹息社会道德判断的缺失。正因为有这样的背景，经济学家很难理解世界究竟发生了什么。现在似乎可以理解一些现状了。我认为已经到了给后工业社会起一个更适合的名称的时代了。农耕时代、工业时代，之后就称为后工业时代是很无趣的。

让我起名的话，我会给出"数字时代"一词。我们已经能够理解生活在数字社会里，也对其有些许期待。

随着新科技的不断涌现，出现了大量的未开发领域，但是这和以前人们描绘的世界不同。之前，人们曾预测从工业时代向服务型社会的转型。法国作家让·弗拉斯提尔把服务型社会称作"20 世纪最大的希望"。预测人们的工作对象从土地、机械上，也就是从农业、工业上转移到以人为对象的服务业上，并从这里看到了希望。当时的人们认为，我们终于盼到了以人为中心的世界。

但是，今天和未来的数字时代与此完全殊途。也就是现在我们生活的世界。由于和人们以前描绘的、抱着希望的世界所不同，又是一个新的失望。可是，就是现在的世界，让我们终于开始理解必须对应怎样的世界。

15. 市场经济和科学革命

安田：您认为欲望不是资本主义特有的东西吗？

柯恩：这是马克斯·韦伯说的。

安田：我们想以欲望为关键词来思考资本主义。当然，资本主义还有各种别的定义方法，您觉得应该怎么定义资本主义呢？

柯恩：我认为，最重要的是要区别资本主义和市场经济。我们已经理解市场经济，市场在资本主义出现之前就已经存在。很久以前就有商人，也有市场，他们一直就在社会周边起着相应的作用。不过，那不是市场经济，真正的市场经济要到16—18 世纪之间才出现。

通常，在提起资本主义社会时，考虑的会更多。不单是过去所谓的市场，还有超越市场经济的小部分市场，这些市场在社会上无所不在。

资本主义是在一般化的市场上再加一些熊彼特发现的要素。这不是静态的市场，更不是单一的市场。要理解资本主义就有必要融合亚当·斯密的市场经济和熊彼特的

"创造性破坏"理论。这两者的结合也许在马克思的脑海里也出现过。

根据这两个要素，我们就可以更好地理解马克思设想的世界。马克思所说的资产阶级会为了追求利润任何事都可以做，为了利润在哪个庙里都可以上香磕头。如果再把亚当·斯密和熊彼特的理论联系在一起，就能更深入地理解资本主义就是永不满足地追求创新，并以此为原动力的市场经济。

那么问题也来了，为什么在历史上这就是可行的？

历史上资本主义可行的原因是由于17世纪的科学革命。如果没有伽利略、牛顿等的发现而产生的科学革命，就不会有今天的资本主义存在。从某种程度可以说，科学理解了自然的法则后，便成为推动知识和生产力的引擎。最初的产业革命恐怕是在没有科学革命的基础上实现的。但是能实现永不停息的社会改革及其创造性地破坏过程的只有无限的技术进步所产生的力量。

所以，资本主义应当是两大力量的共同产物。其一是市场经济。其本身是由于16世纪伟大的发现而成立，提高了社会商品交易的重要性。其二是科学革命。这才能在实际上组织性地、技术性地改革世界。这两个力量的结合就是亚当·斯密和熊彼特思想的产物，也是资本主义的主要特征。

16. 熊彼特搞错了吗？

安田：您觉得资本主义的未来会怎样？今天很多人担心资本主义是否拥有未来。人们不知资本主义是可持续的呢，还是要改变形式而存在？如熊彼特便预测资本主义会被社会主义所取代。这些问题，我想听一听您的高见。

柯恩：是的。不过在被问到"资本主义会存在下去吗"时，熊彼特回答说不大可能。不过，在 20 世纪下半叶，资本主义国家进行了积极的改革，令实业家精神在 20 世纪 80 年代和 90 年代又重新燃起，产生出新的产业革命，所以资本主义现在还存续着。

如果同意我的主张，即资本主义基本上是市场和技术结合的话，资本主义还是有未来的。因为未来还有更多前所未有的广阔市场，同时技术革新如此长期持续也是前所未有的。当然，补充说明一下，也许这只是我的一厢情愿。

话题又转回来，20 世纪 60 年代时人们认为超越物质主义的世界是可以实现的。那是由于当时人们很富裕，只有物质极大丰富，才敢于去描绘超越物质主义的世界。但是因为突如其来的金融危机，才让人们明白要实现这样的梦想需要坚实的经济基础。

可是，我们很富裕却时常感觉到贫穷，因为要和大家一起生活，就得担心是否能买得起自己必要的东西，就会觉得贫穷。事实上，后物质主义时代作为梦想还依然存在着。

如果有中立性的科技成果，它便可以用在很多地方。现在有两个力量，即市场中的生活和市场外的世界，在争夺我们每日的时间分配。人们不是要去选择哪一方，而是要将两方面混在一起来调和生活。新一代想做的事情也许只是给市场提供劳动力，但仅限于劳动时间做劳动力。

例如，有人主张星期六、日有权利将手机关机。就像这样，也许会出现抵抗人生中持续扩张的劳动市场作用的变化，即"慢生活"的动向。可以说："请等到星期一再说吧。"我认为，这种抵抗是规范市场的有效手段。

也许我过于悲观吧。虽然不想变得悲观，与其说是消失体系的征兆，还不如说是抑制。这只不过是对不断扩大的市场、科技力量的抵抗罢了。我们已经开始踏入新力量、新技术发展所产生的产业革命中，而新的产业革命导致我们先前说的收入递减尚需时日。

17. 环保主义者和民粹主义者

安田：我赞成您认为资本主义是因市场和技术结合而形成的经济体系之看法。但是，最近人们对接受市场体系有强烈的抗拒表现。就像反全球化一样，对这种抗拒您有何看法？是否有坏的征兆、危险的症状？

柯恩：我认为有两个方面。第一个方面是还没触及的问题，即全球变暖的问题。为了不破坏地球环境，有必要调控市场。第二个方面是厌恶国家主体性丧失，这个问题和反全球化的动向有关联。

以下我分述下这两个方面。

首先，全球变暖的问题。20 世纪 60 年代以来，市场上的产品越来越多，令人眼花缭乱。而地球好像也支撑不住、忍受不了了，给予人们的"产品"——恶劣气候也极为丰富。这真是耐人寻味！现在我们要重新思考，自己那么需要金钱吗？那么需要物质吗？可是，当今的后物质主义正在稳步前行，地球是否能承受新的生产和扩张时代？因此，防止全球变暖的动向和后物质主义的动向有一定的关联性。虽然问题的根源不同，但结果是一样的。

我认为全球变暖不会使资本主义崩溃。只要正确应对全球变暖问题，就能开创科技世界的新纪元。为应对全球变暖问题，第四次产业革命已经拉开帷幕。我知道，硅谷的人们正在认真地思考使用再生能源等新能源的必要性。

我认为，第四次产业革命和资本主义并不矛盾。新科技只要不给地球增加负荷，就应该不会有问题。

但是，人们批评政府及整个社会体系没有很好应对全球变暖的看法，确实引起了对资本主义发展中伦理道德判断缺失问题的进一步思考。

同时，像美国前总统特朗普和英国脱欧派那样的民粹主义者们，则完全不介意全球变暖的问题，他们更担心的是由于全球化而损害国家的利益。尽管出于完全不同的理由，其实也是反对全球资本主义的。他们认为，全球资本主义会破坏自身国家的文化。

全球资本主义会破坏国家的文化吗？答案是，会的。法国人及其他国家的人都看好莱坞电影，也喜欢大量接受从外国来的东西。但是，这是不好的事情吗？根据情况不同而论，是否破坏现有的文化，也需要慎重地判断。

我们看到，有人把国境当作对抗市场力量的防护墙，但这样的认识是错误的。

20 世纪，世界各国政府采取的贸易保护政策，其实都是惧怕市场的力量会凌驾于国家之上。比起全球化，不如说与科技、劳动市场等新框架有很深的关系。数字时代确实破坏了以前人们心中的一体感，但那和全球化没有直接关系。当然，没有互联网、数字革命的世界，与今日世界的情况是不一样的，那和全球化、贸易也不是同一个问题。我们的社会内部一直在发生变化，外部的影响其实是很少的。很多人误解了这一点，或者是难以理解，急于寻找应对数字社会或者后工业社会的原因不是由于和中国、日本贸易的不平衡。

反对全球化的有环保人士和民粹主义者两个对立的群体。反对的理由完全不同，因此将他们混为一谈是不对的，这是因为其背后的价值观根本不一样。

安田：我对你讲的硅谷话题特别感兴趣。你说的抑制能源消费和经济的成功以及新贸易有关联，那么有可能产生新的贸易模式具体型态应当是什么样呢？

柯恩：前段时间，我们邀请美国加利福尼亚州州长杰里·布朗来我校举办演讲，当时他正在巴黎参加制定全球变暖对策国际框架下的"巴黎协定"。他构建更好世界的精彩演讲大家无不拍手称赞。年轻人也都聚精会神地倾听其演讲，因为真的使大家耳目一新。我参加了讨论环节，讨论布朗州长说的要让美国的加利福尼亚州在防止全球变暖对策上领先于世界问题。我们讨论了共同组建 U2 联盟（Under2 Coalition）团队，完成把气温上升控制到 2 度以内，人均二氧化碳排放量不高于 2 吨的目标。

甚至还有些物理学家对此发出了赞赏之声。在讨论中，我能感受到布朗州长的坚强信心。他相信只要投入足够的时间和劳动，用新科技就可以解决这个问题。布朗州长说这是科技与全球变暖的竞争，他打算要赢得胜利。不用说，他如此有信心用科技解决这个问题，是由于他身边有硅谷这个强大的后盾。

18. 经济判断与道德判断是独立的

安田：我知道在有关资本主义的未来及其存续问题上，您持肯定的观点。当今资本主义最大问题是贫富差距太大。资本主义是一个强有力的经济体系，但消除社会的不平等已至关重要。关于这点，您的看法是什么？

柯恩：我倒不是对资本主义持有肯定的看法。怎么说呢，我是批判资本主义的，不过也仅仅是出于在回答熊彼特的资本主义是否能存在下去的问题。从资本主义是由技术和市场推动的观点来看，除去因地球环境的制约和世界性宜居问题影响外，现在的资本主义正值最好的时代。

我只是针对当今资本主义的实际情况概括地说出了自己的看法。现在我们社会发生的各种不良事件并不是我们所希望的。由此可见，后物质主义并没让今天的资本主义有所改变。我们为什么不满足于现在拥有的，却总是不断追求更多呢。

就像您所指出的，贫富差距是资本主义所面临的最大问题，人们在极力寻找更平等的社会。说真的，对于特朗普能当选美国总统，我颇为吃惊。就像法国经济学家托马斯·皮凯蒂在其著作《21世纪资本论》里描述的那样，尽管美国的贫富差距前所未有的增大，美国的选民还是选择了对收入的再分配持否定意见的候选人。

特朗普总统一边重视市场，一边又采取贸易保护。他在选举的时候，告诉美国人把墨西哥人赶走就可以解决所有问题。但是，那是不可能实现的。大家非常明白，特朗普下台以后，还需要更好的方法去和贫富差距作斗争。

我前面说过，里根–撒切尔革命是以失败而告终的道德革命，到今天特别是中产阶级下层及蓝领工人现在还要求道德革命。原有的组织及家庭至今仍在发挥着作用，人们祈盼着自己能真切感受到是世界上不可或缺一员的时代回归，并留恋小乡村那样的世界。很多人出身小乡村不喜欢大城市，讨厌大都市里的欲望和剥夺。这种想法从来都有，我们没有理由说其是愚蠢的。

这就是批判全球资本主义的又一股势力。在这里成为问题的不是资本主义，而是全球化资本主义。刚才也说过，这是又一股反全球化主义的势力，和环保人士不同，他们不是为了后物质主义，对全球变暖也不感兴趣。是比以前的资本主义更具有世界性，想在所有关联被破坏时，恢复自己心灵归宿中那种道德秩序。

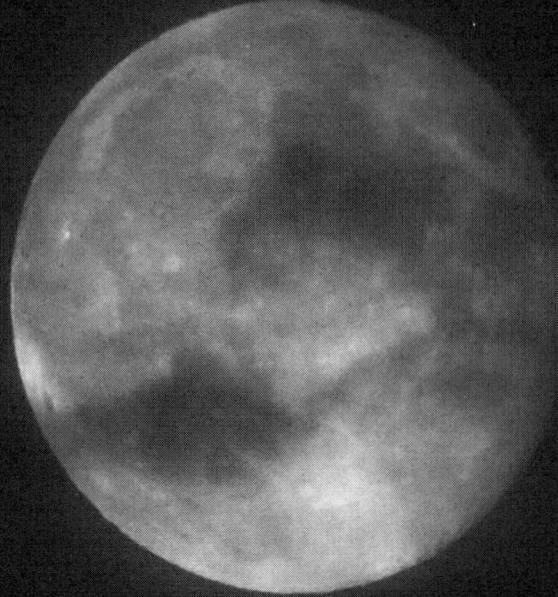

圆月下的迪拜哈利法塔

　　以法国和日本的现状来看，现在美国的贫富差距之大已是很严重的问题。但是，2016 年总统大选没有选出主张与贫富差距作斗争的财政改革的候选人，而是选出了主张进行道德改革的总统，这真太耐人寻味了。从欧洲来看，很明显美国社会最迫切的问题是贫富差距。我认为，美国人不幸的原因就在这里。国家变得过于不平等，也就完全没有了中产阶级人数增长的可能。

　　但是，意识形态和道德判断用原本的词意来理解，未必能和经济关联上。美国著名社会学家丹尼尔·贝尔讲述过社会的基础，即马克思唯物史观认为，人们会因为出于自我利益的缘由对如何判断世界而产生偏差。所以说，经济性的判断和道德性的判断有时各自独立，有时又会完全相反。如果大家都能这样考虑的话，就更能理解当今的世界。

　　虽然注重自由价值观的人不少，但他们往往是经济不太富裕，文化上却大有志向者。当然，还有虽然富裕但把价值比起物质更放在家庭上、道德上非常保守的商人。在法国，如果放到现实中来看，就是有给经济和道德都非常保守的勒庞投票的劳动者阶层的人，也有给经济和道德两者都开放的马克龙投票的人。所以，仅凭经济政策来区分左派或右派，以前的世界和当今的世界有所不同。

19. 右派、左派之分已不成立

安田：2016 年美国总统大选时，民主党候选人伯尼·桑德斯在党内初选中获得很大优势，让我很吃惊。真没想到，支持社会主义的候选人，在美国能获得那么多年轻人的选票。

柯恩：是的。那只不过是分成两派，看哪派容易获得支持，历来美国政党都这么做。而某一派推行的是收入再分配政策，在美国它会和自由文化的价值观组合起来。简单来说，在美国支持同性恋的权利和收入再分配政策的是左派，而支持自由市场及道德保守的是右派。

可是，这种分法现在已经过时了。当今虽还有这种想法的人群，但也有持有自由文化的价值观且经济上保守的人，加上与之相反的组合，造成当今的四种组合。所以，主张"实行再分配与自由"的传统政治家希拉里·克林顿就被拥有更加强大主张的势力所击垮。

前面提到互联网的普及使市场的力量增加，企业的作用比以前减弱。拥有创意和价值观的市场也正向这个方面靠拢，造成过去面向劳动者阶层和学生的一些政策已经不能吸引年轻人。以前左派是追求创造更好世界的年轻人和要求提高工资的蓝领工人的组合，现在这种组合支离破碎了。当今，美国的伯尼·桑德斯、特朗普和法国的梅朗雄都是将左派重新组合后上台的。以前的政治家在自己政党内部形成妥协案，努力将左派意见统一，而现在这些做法已烟消云散。

安田：资本主义可以朝着更好的方向前进吗？例如缩小贫富差距、消除不平等，您是怎么看的？

柯恩：我确信会有向好的一面。但是，人们到处大声疾呼、政治派别已变得激进的今天，在共同议题上找到让全社会都满意的妥协案，早已是前所未有的艰难。

这是 21 世纪的最大难题，而且实现向好的道路已由于互联网的出现而比以前更难走了。因为互联网可以给人们带来更多的随意性空间，这样就很难建立一个可以面向全球适用的意识形态。也就是说，想使大家意见统一非常困难。试想一下，标榜后物质主义的自然保护势力，和追求以前好的时代道德回归的民粹主义者势力，可以有共同的议题吗？

以前有左派和右派在再分配上有意见分歧，但是他们在共同拥有财富方面目标还是相同的。这是 20 世纪 60 年年代至 70 年代的政治纷争。蓝领工人的可支配收入能增加多少、教育投入的预算多少、医疗等诸如此类的问题，是面向共同目标的金钱和物质流通管理方法上的问题。只是方法论不同，但目标是一致的，想使意见统一比较简单。但是，由于当今经济低速增长，这一切都变了。

安田：是的，由于对未来的不确定性，促使人们必须要去信仰点什么，才能有所安慰。可是，很多人没有自己具体的信仰，这就是人们大声疾呼的理由吧？

柯恩：是的。已不再是单单的经济问题。

安田：对。是资本主义一直以来就有的问题。

柯恩：我的主张是这不仅是经济的问题，还包括道德性判断问题。道德性判断和经济是分离的，两者朝相反的方向前进。所以现在才会分为四个组合，各自朝着不同的目标。这就使得社会更加混乱，维持一定的秩序也困难起来。

我很担心民粹主义者势力将越来越强大。他们不仅是希望增加收入，还希望制定新的道德改革标准。但那不应该会实现的吧。

20.不存在解决问题的魔法杖

安田：一切都会明了的。最后一个问题，您认为资本主义还有希望吗？

柯恩：我本质上是乐观主义者，但我们也必须理解所处的世界之复杂性。不仅经济复杂，人的愿望更复杂。我一直以来是社会民主主义者，所以非常理解现今的紧张局势，认为财富的再分配也应更进一步，而且应给予全民教育。

各国政府更应该注意城市和住宅政策相关的政策。当代的资本主义学者们认为问题可以轻易地解决，但我认为根本不可能。最令我奇怪的是法国的社会党正在消亡，这是历史上从未有过的事。

现在的政权非常自由开放，因为马克龙是开放的市场主义者。勒庞与马克龙相反，重视道德和市场，是通常所说的右派。而梅朗雄则在勒庞的完全反方向上。以前政界的中心还有社会民主党声音的存在，可现在却消失了。随后，以前积极应对矛盾，尽力完满解决问题的其他民主政党也离开了。

我知道，这是金融危机引发的结果之一，但它确实破坏了原有的政党秩序和陈旧信念。但是，我们应该承认修复社会需要一个长期的过程，因为这个世界没有"魔法之杖"。说能用很快很巧妙的方法来修复的，不过是谣言而已，应该理解用它是解决不了问题的。

安田：需要时间。

柯恩：是的，需要时间。

安田：最终是可以解决的吧。

柯恩：可以的。如果应对全球变暖的新科技改革成功的话，21 世纪再次构建社会民主主义也是完全可能的。

安田：最后听到您乐观的回复，我非常开心。谢谢您！

柯恩：谢谢您！

⑨ 与黑暗力量抗争

　　大家知道，托马斯·皮凯蒂因其著作《21世纪资本论》而名闻天下。而且在录制过程中，丹尼尔·柯恩多次谈及皮凯蒂的研究成果。但很少有人知道，柯恩正是皮凯蒂的恩师。皮凯蒂曾做过荷兰前总统的顾问，是法国经济学家的代表。

　　在采访、对谈中，第一个提问往往是很重要的。既可以先从轻松舒缓的对话开始，然后再深入主题的方法；也可以一下子从正题出发，层层深入，最终触及核心要害的做法。

　　要从柯恩那里引出什么呢？在去往巴黎的途中，我和安田商量最好从大标题的"当今世界经济最大的问题是什么"来开始提问。

　　在摄像之前，柯恩曾直率地问我们："戴眼镜好，还是摘了眼镜好。"真是平易近人。但是，当谈话正式开始，便可见气氛骤变。他谈论资本主义的态度很是严谨：眉头紧锁，极其投入。同时言语中不带一丝幽默，就好像和谁生气似的。

他愤怒的对象是谁？他愤怒的力量来自何方？在将近两个小时的谈话中，我试图解开谜团。

柯恩一开始就把科技放在论题的中心地位。在解读科技发展和经济发展有没有联系的悖论之时，我终于看到了他愤怒的本质。

柯恩在谈话最高潮时，加重语气强调资本主义"要么创新，要么死亡！"现在全球化经济背景下，人们或多或少会被要求去创新，不然会被轻视。这样的社会对人们来说，是新的疏远时代之开始。柯恩将现代人的生活看成是反面乌托邦。他认为，"一周之中哪怕有一天，把智能手机关掉，让自己不在线，难道不这样就不行吗？"

同时，在宏观的思路上，他也不忘给人类破坏地球环境敲响警钟。如他在自己的著作里一再强调的那样，他认为环境破坏对于经济发展、对于人类社会，都是最大的危险。

这个对谈中，柯恩都对社会现状的批判滔滔不绝。直到节目录制最后，我才试着径直地问他："有没有什么希望？"

柯恩的回答比预想的更具体、更谦逊。他一边谈论美国加利福尼亚州推行的可再生能源的政策，一边说："当然会有希望，很后悔以前过于悲观。"这就是既坚韧又从容的柯恩的视角。对世界的批判精神，是最终要把世界建设得更好的"正能量"。

　　录完节目之后，趴在自己办公桌前的柯恩，专心地看着智能手机的屏幕，灵巧地用双手打着字。我相信，他的战斗还远远不会停止。

导演　大西隼

第 二 章

资本主义是一场秀

马库斯·加布里埃尔

（Markus Gabriel）

波恩大学教授

主张新存在论，是引起世界关注的新锐哲学家

著作《为何世界不存在》

托马斯·赛德拉切克

（Tomas Sedlacek）

捷克斯洛伐克贸易银行宏观经济首席战略家

24 岁在上大学时，成为捷克总统的经济顾问

著有《善恶经济学》一书

马库斯·加布里埃尔与托马斯·赛德拉切克对话

1. 天才们的比拼

在这个时代如果两个天才正面交锋，会碰撞出什么火花呢？人们创造财富、分配财富、享受财富，这已成为经济运行的模式。天才们如何解析这个过程中的逻辑，又如何找到现象背后的理念？

拥有悠久传统的波恩大学，其历史上最年轻的、仅有29岁的哲学教授——天才哲学家马库斯·加布里埃尔，几乎无人不知。

"世界并不存在，只存在着独角兽。"这句话意义颇为朴素，几乎涵盖了加布里埃尔的思想。可以解释为，当分散各地的人们拥有各自的空间时，就必须承认存在个体认知的不同。包含眼睛可见的东西、浮现的东西、联想到的东西等全部承认其存在。所以，不仅要承认独角兽这种单纯是想象的说法，并且也要承认个体与个体的关联性。今日世界上，既有人说存在独角兽，也有人说不存在独角兽。听到这里，也许你会认为这不过是承认所有存在的、简单的存在论吧？但是，有人说有独角兽，有人说没有独角兽，独角兽的存在会产生关联性……即使承认有，也不一定能看到超越我们认知的"世界"是否真的存在。虽然《欲望民主主义》一书中用到过很多类似比喻，但其中也蕴含着大量朴素的哲学命题。

"从原理上可以说，包含所有定律在内的定律是不存在的。这就是我所说的世界不存在的意思。"

本书明确提到的这个表述，凝缩着新存在论的精髓。

超越"世界"的存在会产生对立。这就意味着存在主义、结构主义以及部分的后结构主义，都表现出了应该超越的重点。实际上，把想象中的"世界"实体化的危险，当今已在地球上到处涌现。这就像唯一绝对的正义并不存在一样，固定化的绝对世界，也应该是不存在的。

实际上，回顾历史上的哲学争论，如果用很低俗的解释、说法，就算是存在主义与结构主义的论争都不得不感到毫无意义的对立，在同一舞台上更能感到互相争斗的空虚。由于在寻求"正确""真实"，应该出现许多丰富多彩新视点的说辞，却像寻找错误似的让人感到窒息，我认为是很遗憾的本末倒置。因为哲学的意义在于展开视点的可能性。

审视自我并进行认真思考之时，相信每个人都会成为存在主义者。天生所具有的存在、所给予的条件，在有意识时已被宿命所赋予，在决定感知不得不接受这种宿命存在时，可以说谁都得过这扇存在主义之门。但这种状况也会产生固定的视点，进而会滋生相应的不自由。缺少来自他人观点的想象力，被囚禁的灼热感便会使视野陷入愈加狭窄的不幸，更会造成连续的错误。

解开这个束缚的是结构主义，在获得这种合适的观点之时，大家又都变成了结构主义者。如果一切都能用所谓关联性的认识来开道，就可以看到对自我存在相对性展开思考的可能性。进而，在其关联性上导入非固定的动力，成为后结构主义。因此，认真思考之时，人们都接受着存在主义的洗礼，并愿意跨过结构主义之门。这样说也许会招致严谨的哲学研究者的训斥。但在今天这个混乱的时代里，作为打破壁垒的对话工具，在哲学的可能性上下赌注也是需要胆量的吧。

马库斯·加布里埃尔成为代表"后结构主义"以来潮流的新星，可以称其为后"后结构主义"。确实经过存在主义、结构主义、后结构主义睿智的先行者们激烈的论争，终于使我们从墙缝中看到些许新的风景。

> 民主主义是信息处理时的特定形状……但是，从
> 现在情况来看，如果人们期待民主主义是一种探明真

实的方法，或者是曝光虚假政府的方法，就一定会带
来大混乱。

　　这是日本出版的《欲望民主主义》中的一段话，是直
面真相且能让人感到痛快的民主主义理论。从这个超酷的
眼光出发，将如何把握资本主义呢？

　　与加布里埃尔进行唇枪舌剑的，是在前期节目里也大
放异彩的托马斯·赛德拉切克。

　　"对于资本主义来说，增长并不是前提。"赛德拉切
克曾这样断言，其背后的价值观、证据其实都是显而易见
的。"像我们这样，如果从已生活在资本主义国家的人来
思考的话……"在无意识中作为所赋予的东西去接受资本
主义，用资本主义内部理论思考的人，相信这次也会产生
动摇。

　　赛德拉切克的定义中，资本主义在利润、持续增长的
概念之前，至少是"为了自由的工具"。他涉猎的不仅仅
是经济学，还有社会学、宗教学等诸多领域。其美丽辞
藻中更是涉及好莱坞大片、神话、《圣经》，以及现代思
想、精神分析等诸多领域。各种暗喻的洪水刺激着人们
的想象力，反映出我们所居住世界的价值观。

　　两人的对话从基本理念到试图触及资本主义的本质，

两位睿智之人的对话纵横无尽，在语言的宇宙中穿行。请大家充满想象来看下面的内容，在这里不仅能享受其伦理思辨，也能感性地去欣赏他们两位那充满睿智的语言。

2. 资本主义是场秀

加布里埃尔：资本主义可以定义为具有组织性且伴随物质生产的活动全体。其中，物质生产（Produce）的原意是"向前面引导"，换句话说就是"让人看"的意思。所以说，资本主义的生产从某种意义上看就是一场秀，把东西让人看，就会有对其秀的回应。也就是在生产条件下，生产和消费合一。

传统上，我们把展出的东西称为商品；人们对其出现的反应称为消费或者拒绝消费。如果将此一般化，并脱离盲目崇拜经济价值的行为来思考的话，脸书的点赞、我们的对话也会成为物质生产。另外，物质生产条件还会包括摄像机、制作人及我们想进行对话的心情。

也许很偶然，或许唐纳德·特朗普在某种意义上就是当今资本主义的主要面孔。他一直在持续地制作直播"节目"。

赛德拉切克：是的。

加布里埃尔：资本主义是一场无可替代的秀。

加布里埃尔笑着说：“对，就是把戏。”

赛德拉切克：确实这样，有两个要点。首先，是我们经历了“茶党运动”到唐纳德·特朗普反对自由贸易时代，其间资本主义国家的政策有了与过去完全相反的变化。其次，以前自由贸易的领军者美国，反倒开始构建贸易堡垒。这真是太不明智了。

加布里埃尔：是啊。正像我说的资本主义是一场无可替代的秀一样，在唐纳德·特朗普的战略中即使保住钢铁公司很重要，但最重要的是要推出一场秀。当今美国政权创造财富的方式的确就是作秀。这样来说，近期美国最强的产品之一是……

赛德拉切克：把戏！

加布里埃尔：对，就是把戏。

3. 制度需要"自下而上的抑制"

加布里埃尔：我们知道，今天由于各种"商品"生产过多，社会中充斥着包含虚假新闻在内的诸多假货，其理由之一是在那个节点中假货正是理想商品的缘故。也就是说，最畅销的商品常常是脚不着地、飘浮在空中的东西。所以我们需要法律，法律的作用就是让飘浮着的东西落地，让脚挨着地。

赛德拉切克：从跳跃开始。

加布里埃尔：是的，从跳跃开始。尽管法律没有跳跃这个词，但有类似的主张。就像时间与空间有关系一样，法律与经济也有关系。

赛德拉切克：虽然这是很巧妙的说法，但在这种情况下，我们不应该让其跳跃后产生牛顿式硬着陆，而应该让其产生爱因斯坦式的软着陆吧。

加布里埃尔：爱因斯坦的意思是抬起大地。

赛德拉切克：是的。抬起大地。

加布里埃尔：真好。

赛德拉切克：我在给儿子介绍爱因斯坦的时候，就那样比喻过。苹果不是掉在地上，而是地面在接近苹果。是的，在制定规则时，这是一个很好的焦点。其实，制定规则就是"抑制"的原意。我们认为资本主义体系也是一种抑制的东西。

我印象中"抑制"这个词是朝着下方的。但有时抑制也可能来自其他方向。比如，国家想往前走，可官僚制度却挡着道路；我们想悠闲地和家人朋友在一起或者想读一些书，可背后又被手机催促着。

那么，如果"抑制"从下方而来又会怎样呢？比如，想活得高尚一些，把自己的所有财产给予穷人，自己住在生物农场里。资本主义体系允许这样做，这里没有抑制。但是，资本主义体系可以阻止强奸、杀人等行为的出现吗？这就是自下而来的抑制。

加布里埃尔：这不挺好，道德上那是必要的。

赛德拉切克：我把这称为"给水井盖上井盖"。水井是弗洛伊德使用的词语，即精神能量的源泉。它在追求快乐的同时躲避不快乐。由此可见，人们实际上不仅有自上而来的体系，也有自下而上的压制。

加布里埃尔：正好我也有同感。我记得您也在著作中指出，现在的经济行为与道德规范是相关联的。

赛德拉切克：对的。

4. 黑格尔和马克思的交锋

加布里埃尔：那么，道德观应如何规定呢？我认为，把其理解为自下而上的抑制较为合理。20 世纪 60 年代，法国的德勒兹和加塔林等哲学家认为，应该释放欲望。他们主张"我们应该再次思考地球"，抑或是说我们必须关注自己所站立的家园。这实际是一种抵抗的形态。斯洛文尼亚哲学家齐泽可指出，不仅只看到我们向道德的倾斜，一般来讲是"社会之光"（ Society Light ）。为此，我们可以把可乐变为减肥可乐，可以把咖啡变成陈年好咖啡。

赛德拉切克：把啤酒变成没有酒精含量的啤酒。

加布里埃尔：是的，无酒精啤酒。

赛德拉切克：变成不是食物的食物。

加布里埃尔：有道理。如果资本主义的理想在经济理论上成立的话，那么当今的资本主义应该已经到达了黑格尔所预想的那样。黑格尔很明确地说过，我们经常要往上走。组织的全体化是缘于理论体系。在全体化的最高层，要承认他人的财富，也就是钱包。

赛德拉切克时不时冒出惊人之语

　　对此，马克思认为资本主义并不完美，只有把它破坏掉，建立社会主义才对。

　　赛德拉切克：而且，他不仅批判资本主义的低效率、低效果，在道德上也进行了批判。

　　加布里埃尔：当然，必须这么说。

5. 资本主义的生与死

赛德拉切克：马克思认为，我们要对自己制定的制度负责。这种说法确实是精彩的。这也是我在谈论经济、教授经济及阅读经济资料时，常常出现在脑海的一句话。

假设，我制作一块手表。那么，我可以拆开或组装它。但若是从别人那得到的手表，我即使可以看到它在走动，手表坏了的话，我还是会不知如何是好。由此可推出，资本主义基本上是由"可预料的"与"不可预料的"东西组合而成。所以我们应该站在这个角度上才能理解。

关于资本主义，我想再说说"生产"这个有趣的现象。为什么呢？因为我们人类，唯一真正做到的生产活动就是繁殖，即生孩子。人类不生产物质而是繁殖自身。然而最不可思议的是，虽然女性一旦妊娠就相当于在进行最纯粹意义上的再生产，而在当今社会，她却被认为没有生产率。女性在真正意义上为人类生产着"财富"，却被当成是生产率低下的社会成员。

加布里埃尔：正如您所说。在资本主义社会，不参加生产的孩子是负担，生孩子的母亲也是负担，生产率低下的移民劳动者也是。这些都是属于自然存在的，不是人为的。在资本主义社会很难处理与"生产"无关的东西，因它不适用一般条件下的资本主义测定单位。

而且，至今生孩子都是生死攸关的问题。现在资本主义不能控制的事情还有一个，那就是对于封闭资本主义社会所进行的一种攻击，即恐怖活动。

赛德拉切克：是的，资本主义要把一切经济化、资本化、生产化。通常用不同观点看待的领域也开始用与商品相同的单位来思考。

例如艺术就是如此。大家都认同艺术是增加 GDP 的要因，有些人估算创新产业可以贡献给 GDP 约 0.4 个百分点。艺术家为了使艺术受到正当评价而主张艺术可以作为生产其他物质的副引擎，但不像欣赏艺术那样生产出别的物质。艺术具有价值，在资本主义社会中艺术之所以能生存下来，是由于我们将其商品化的缘故。

我时常在想，如果利用计算机进行研究，结果发现艺术阻碍了 GDP 的增长，我们会怎么办呢？这些并非不可能，也许艺术真的会使人们的勤劳愿望降低，使社会混乱。

6. 用于消费的艺术

加布里埃尔：基于上述分析，我们可得出资本主义社会的反应通常表现在体系内的节点上。如果判明其物质生产条件在所谓的资本主义体系中，就会产生下面这样的事情。例如，美国现代美术家杰夫·昆斯和以动物尸体为素材的作品而著名的英国现代美术家米恩·赫斯特就和上述分析结果相同。也就是说，人们愿意为艺术而花费金钱。假如艺术降低 GDP，那么对于资本主义体系来说只需把参数改一下，尽量提高艺术作品的价格即可。

这种动向开始于 20 世纪 50 年代，那时出现了许多以前不存在的新经济精英。第二次世界大战后，因为艺术使得批判的力量再次集结，看到了即将对资本主义体系造成威胁。当时作为资本主义内部的系统性反应，艺术作品的价格提到了很高。

赛德拉切克：就是让人们去消费艺术。

加布里埃尔：是的，成为一种消费品。

赛德拉切克：为了将其捧上资本主义的舞台。

　　加布里埃尔：所以，资本家成为艺术的所有者。而不是由于理解作品、喜欢作品，而是将其作为资产。这是过去一直在发生的事情。

7. 德国接受移民是为了显示其道德观高度

加布里埃尔：现在我们再来看看德国的情况。很明显，近些年来，安格拉·默克尔总理在政治上最成功的一点就是移民政策。默克尔总理接受移民，并不是因为德国需要更多移民来补充德国劳动力的不足，而是为了显示其从宗教改革以来，经历了 500 年重塑出的道德观之高度。这样想就能理解了。

赛德拉切克：您这个观点很有意思。德国带头开始接收经济移民，其他欧洲国家也纷纷跟进。这些欧洲国家嘴上总是说："我们接受政治移民，不接受经济移民。"但是，他们心里真正的意思恰恰相反。

由于经济原因，确实成百上千万的移民为了补充劳动力甚至为了补充消费而流入欧洲。而且，我们觉得这并没有什么问题。经济移民没有带来犯罪问题，也没有人对移民有消极情绪，移民与伊斯兰世界也没什么太大的关联性。当突然有一天移民情况出现政治化，移民们不是为了工作，而是为了寻求政治避难时，除了德国以外，大部分欧洲国家都开始拒绝接受移民了。

也就是说，欧洲嘴上说着"接受政治移民，拒绝经济移民"，但实际上是欢迎经济移民的。当政治移民真的来时，他们却拒绝了。即便这是出于本能的反应，也说明欧洲人心里想的和嘴上说的正好相反。

加布里埃尔：这似乎是个政治性话题，但是，毫无疑问，必然与经济相关。这是所谓的民粹主义的一部分，更是民粹主义最坏的症状表现。但是，对于现在发生的事情，是不是能找到一个比民粹主义更适合的词语来表达呢？这种做法是对全球化运动的一种抵抗。全球化从根本上来说是一个必要的经济发展过程，所以对于所发生的事情，必须从经济上进行解释，而不是从政治上。

例如，2013 年成立的右派政党"德国的选择"（AfD），一建立便打起反对欧盟和反对接收移民的大旗。结果，他们在 2017 年的总选举中获得了 12.6% 的得票率，这不是因为投票人注意到了右派政党的存在而投票给他们的，而是基于道德观的最坏分析。也并非德国 12.6% 的人通过商量而决定投票给谁，是因为他们注意到了国家间的不平等现象，那就是经济上的变化。

试图越过地中海进入欧洲的移民们

德国右翼组织宣传并举行反移民抗议

8. "原力觉醒"

赛德拉切克：是的，波兰处于欧盟谈判的中心。然而，在 2015 年 10 月的总选举中，保守派不仅只用两周时间就突然觉醒了，而且居然还在选举中获胜成为议会第一大党。当年末，《星球大战》第七部《原力觉醒》正好上映，真与现实配合太好了。

反过来，对于难民，人们最初的反应并不是帮助他们。

加布里埃尔：是的，我们称之为"欢迎文化"。

赛德拉切克：那纯粹是欢迎。事实上不光默克尔，德国人民也纷纷去车站迎接那些难民。2015 年被冲到土耳其海岸边的儿童遗体照片被媒体广泛登载，之后难民便引起了人们深切的同情。

但是，当默克尔真的伸出援助之手后，情况就完全变了。因为对于默克尔的选择，人们一边说她"高尚"，同时又批评她愚蠢。能使用"高尚"一词来侮辱别人，这到底是个什么样的社会啊？难道，批判冰激凌的时候我们要说成"好吃的冰激凌"吗？

　　但是，如果是从另一面看待事物，不期待事物多么"高尚"，那就另当别论了。我找不到表达这种情况的好词，但这就是现在的情况。我觉得现在的情况是，美国已经疲于做个"好人"了。值得庆幸的是，德国人现在还没有对身为"好人"感到疲倦。

　　加布里埃尔：是的。只能向上帝祈祷，希望那种情况继续下去。如果上帝存在的话，我也会向上帝祈祷，不要再让德国成为"坏人"。

　　赛德拉切克：欧美国家都会优先考虑避免经济上的混乱，这比中东和北非国家的反应更冷酷。事实上，中东国家反而接收了更多的难民。

9. 全球化和疲于做 "好人"

加布里埃尔：是的，的确是那样。因此，我赞成 "邪恶状况" 的说法。19 世纪的德国有位哲学家叫谢林，我对他有深刻的研究。他在 1809 年所著书籍《论人类自由的本质及相关对象》中，他对邪恶发表了最为重要的观点。他主张，邪恶不仅存在于人们心中，同时也是推动现实发展的积极力量。也可以说，邪恶是熵的一种。

在《论人类自由的本质及相关对象》中，谢林认为，任何组织和系统要长久维持自身，就必须消除其他系统。谢林称，"善" 是为了构建更大的系统而在两个系统之间进行的对话。但是，如果那个系统达到一定水平，不再有什么可以消除的东西，那么该系统就要将其内部的某些东西清除掉。因为如果不那样做的话，它就无法维持自己。

例如，生命体为了维持自身，就必须通过新陈代谢来吸收外部的能量并予以转换，这是系统的本质。也就是说，系统需要外部支援。因此，与外部没有联系的系统为了维持自身，就必须在其内部制造出与之不同性质的东西。

　　谢林以罗马帝国为例进行了说明，罗马帝国征服基本结束，在感觉失去了与外部联系的瞬间就开始崩溃了。

　　赛德拉切克：是的，你说得非常对。

10. 在内部制造外人

加布里埃尔：所以，我很赞成您对厌倦做"好人"的分析。对于这种现象，如果从全球化的视角来看，我认为这应该起因于资本主义本身的问题。因为全球化令全世界都已经不存在外部，所以只能从自身内部制造出一个外部。

"内部的外人"表现形式多种多样，在欧洲主要是指难民。在全球化了的资本主义体系之中，所有国家、地区都想在自己内部制造出外人。如果我们要一一列举出名字的话，将会是一份很长的名单。

赛德拉切克：这个想法真不错！再深挖一点的话，似乎就触及欧美国家的核心问题了。比如《圣经》上说耶稣认为要爱远方的人。撒玛利亚人就是难民。

加布里埃尔：确实如此。

赛德拉切克：撒玛利亚人就是外人。

而且，如果外人在外国，或者说是在很远的地方时没有问题。但距离太近，近到痛苦的难民和非洲的孩子们就在眼前，与欧美人无法保持距离的话。那么，这时系统内部就会出现崩溃。

我看过一部很有意思的电影，名字忘记了。讲的是一对离婚的夫妇乘坐小型潜水艇潜入马里亚纳海沟的故事。在潜水艇中，两人互相侮辱、互相敌视。之后，两人一刀两断，各走各的路。直到男人快要死了的那一刻，两个人才互相说出"我从心底深爱着你"。因为，只有知道对方不是太亲近的人后，才能轻松地说出"我爱你"。

从力学的角度来说，这也许和您讲的有相似之处。对于身边的人或事，有时候可能会产生仇恨。

加布里埃尔：本质上是这样。因为在今天，已经有一个包括互联网在内的普遍性物品交换系统，它就是现代经济学理论所讲的全球经济体系。这种经济体系不仅是普遍通用型的经济，而且还采用了物品与金钱交换的方式存在。

采用康德的定言命令，如果你经常采取普遍性行动，不采取利己行动的话，你就是在行善。那就是康德哲学的基本思想。当然这也是柏拉图的思想，是我们从古希腊思想中继承下来的关于善的概念。这种思想并不仅仅是欧洲的思想，在中国和其他国家也随处可见。我觉得这是构建体系的绝佳理论。我认为，一个体系一旦将所有的东西都囊括进去，就会从内部崩溃。

赛德拉切克：一个体系，一旦过于偏重解释说明，那么很快也会出现否定意见。

加布里埃尔：是的。这正是全球化成为普遍现象时发生的事情。通过网络我们可以看到，这种情况正在逐渐恶化。我们看到，新形式的憎恶和网络战争等东西，是现在正在发生的事情的真相，是现在正在发生的事情的最明确表现。

11. 欣赏特朗普发言的人们

赛德拉切克：说到这里，我们必须谈谈特朗普了。要说特朗普有什么特别的附加价值，实际上就是性格不好。

加布里埃尔：有道理，确实如此。

赛德拉切克：特朗普一点儿也不温柔。实际上他性格很不好，也不会装作性格很好。明明飓风压境，他却故意去打高尔夫。而且，这在他所有丑恶行为中竟然还属于微不足道的。但是，似乎人们很欣赏他的愚蠢行为。

坦率地说，我脑海中有时也会出现一些不好的想法，如种族歧视，当然我会要求自己必须改正。在斯拉夫语中这种情况一般表达成"被想法袭击了"。脑子里出现想法的时候就和受到疯狗袭击一样，都可以使用这种表达。

虽然产生想法也不是我们的责任，但我们个人会与想法直接面对。我是这么想的：不，不对，不要以为大家都那样。不能仅仅因为以前的生活中，所有的长着红头发的人背叛了自己，就不再相信长着红头发的人。我们评价一个人，应该通过经常关注其本身来进行评价，而不是看人种、国籍、职业。

因此，当有了想法，要用语言表达出来的时候，由于所受的教育和努力程度，选用什么样的语言，其实早已经定了。然而，特朗普却能信口开河、脱口而出。而且，奇怪的是人们似乎还很欣赏。那些欣赏特朗普蠢话的人们会说："是的，他说的是心里话。"即使特朗普说，1+1 等于大象。那些人也会说，这个想法不错！如果这完全出自他的真心，那它就是真的。

加布里埃尔：我觉得您说得很对，这完全就是抗拒的形式。令人感到讽刺的是，特朗普这种水平的人竟然还提出了他所谓的经济政策，公开批判全球化。

赛德拉切克：比起特朗普，伯尼·桑德斯更加赞成全球化。

加布里埃尔：没错。桑德斯是传统型资本家。假如特朗普是个真正的资本家，情况会怎么样呢？没错，他正在使经济转变成他自己最能理解的那种经济。

在一定程度上，特朗普很清楚自己在做什么，而且也知道物质资源的转换是守恒的，钢铁等物质会让人们感到不安，他认为这些都与自己无关。他所有的政治都是象征性的。所以，他开始在网络上开展政治活动。也就是说，很显然，他的推特就是他的政治舞台。

演讲中的特朗普

在美墨边境设置的铁丝网

　　赛德拉切克：推特是特朗普把自己和政治直接联系起来的极好例子。当然，和很多人一样，我也很关注唐纳德·特朗普的推特。因为这里能直接听到他的心声，第一时间直接读到他发自内心的语句，这总让我产生一种很奇特的感觉。是第一时间、没有经过任何过滤和加工。他和我之间不存在任何组织和机构，感觉我们可以推心置腹地直接对话。

12. 必要的普遍系统论

赛德拉切克：现在一般用大爆炸理论来解释宇宙诞生；用大膨胀理论来解释宇宙诞生到现在的情况。但是我曾经做过一个梦，大爆炸不是膨胀，而是向内部收缩。观测点越来越小，整个世界都在缩小。也就是说，从某种意义上说，大爆炸也可以解释为大规模的崩溃。由于变小了，以前不存在的点就随处可见了。要说原因，就因为我们就是其中的一个小点儿。

加布里埃尔：是的，我想这是为了"国家和地区复兴"，我们大家现在都在经历这样的事情。

赛德拉切克：你说的是潮人文化吧。

加布里埃尔：对，就是潮人文化。我们每天都经历着那种复兴。而且，很明显，这在系统论中，本质上就是邪恶的表现形式之一。要说原因，就是因为地区和村庄被整个系统视为邪物。也就是说，一旦村子形成，从某种意义上来说就一定会发生杀人和流血事件。我觉得这就是我们现在所看到的。

实际上，这就是资本主义崩溃这句话的意思。但是，资本主义正在崩溃只是资本主义近年来出现的一种情形而已。资本主义的崩溃，可能仅仅是系统内部一种创造性停止。所以，现在我们需要的是系统论的复兴。虽然系统论在自然科学和社会科学的各个领域都受到关注，但也许我们需要将这种情况充分地概括为一般理论，不应该认为系统论只适用于某一个体系。如果系统论不具备普遍性、通用性的话，那么为了理解所有过程，就需要一种普遍、通用的系统论。

赛德拉切克：说到普遍性，有件极为讽刺的事情。有种说法认为，在国际社会中，没有一个规则可以普遍适用于所有情况。以国家为单位，每个国家都会有很多规则。欧洲也好，区域联盟也好，多少都有一些规则，但是没有任何一条规则是以全球为单位，比如统一规定一个"不许这么干"原则都没戏。

我们假设这里有一条统一规则，试想一下，假设全世界只有一个税率——15%，无论荷兰人、德国人还是捷克人都包括在内。这时，世界会变成什么样子呢？

或者，请再想象一下，假如在秩序井然的德国，法律突然有一天失效了，那么情况会怎么样呢？那一天，恐怕就连德国这样的国家也会一团糟吧。

电影《人类清除计划》您看了吗？那是一部以美国为故事发生地的恐怖电影。有那么一天，无论强奸、杀人、偷盗、复仇等，你想干什么都行，且所有法律条款无效。但是，第二天必须系好领带，重新回到日常生活中。

也就是说，在国家层面上有法律制约。如果突破国家界限，凌驾于国家之上，那里就是法律的真空地带。那里几乎就像原始森林一样，是一个弱肉强食的世界。问题是没有人认可普遍性——世界通用的规则。因此，那就等同于在德国希望所有的德国人都行为规范、高尚，不需要任何法律。这种事情当然是不可能的，可我们却在傻傻期待在全球层面会出现这种事。

加布里埃尔：对，的确是那样。

13. 资本主义的原则和僵尸

赛德拉切克：如果要再列举一个资本主义的难题，那就是资本主义在假装价值中立。我以前认为，资本主义的问题关键就像犹太教传说中有生命的泥人儿一样。上帝念起咒语，把灵魂吹进泥人体内，使之成为有生命的泥人儿——格雷姆，来保护犹太人。可是，如果制造方法错了，泥人儿就会变得疯狂残暴。16 世纪，在捷克曾有人试图制造格雷姆来保护犹太人，同时制造者还在格雷姆的额头上刻上了"emeth（真理）"这个词，但是日渐强大的格雷姆令人们感到害怕，于是制造者便扣掉了 emeth 的第一个字母。这样，emeth 就变成了"meth（死）"的意思。由此，格雷姆就变回了原来的泥巴。我认为资本主义就是这样。

有人把资本主义比喻成僵尸。不是因为僵尸很丑，而是因为它非常高效。用弗洛伊德的话来讲，人类生存需要解决的问题归结起来就是繁殖后代以及填饱肚子。这种说法在心理学上很有名，但唯独不适用于僵尸。因为僵尸是通过吃人来进行繁殖的，所以效率非常高。但僵尸们没有思想，更没道德约束。

我认为，资本主义的问题与僵尸一样，即在于失去道德规范、内部空泛化。因此，我认为只要重新赋予僵尸即资本主义以灵魂，它就能很好地发挥作用。

但是，如果问到今天的资本主义是否还在让社会前进，这个问题本身就错了。这就像有人问："僵尸效率高吗？"我们可以回答："僵尸比人类效率高。"但是，如果问："僵尸起作用吗？"该怎么回答呢？本来僵尸的特点就是 24 小时不停地发挥作用，只是它发挥作用的地方错了而已。

刚才我说资本主义内部空泛，应该是说错了。现在我认为，内部其实并不是空的，里面存在着强大的甚至是统治性的道德规范和伦理规范。伦理规范不一定是道德规范。德国纳粹党也有伦理规范，但那显然是不道德的。

资本主义也一样。伦理规范既偏颇又坚固。因为你我两个人从一出生就生活在这个体系里，所以注意不到它的特征。资本主义原则是："只做有益的事情！爱那些爱自己的人，厌恶那些厌恶自己的人；给予那些给予自己利益的人以利益，与那些与自己作对的人作对。"

加布里埃尔：但是，拒绝接收难民不是功利主义吧？

　　赛德拉切克：是的，功利主义比起现在的状况层次要高得多。19 世纪英国哲学家、功利主义者约翰·斯图亚特·穆勒大概会说：应该接受难民。他的话估计是这样的："为了增加社会体系的功绩和利益，我们也应该接受难民，这一点毋庸置疑。失去 100 美元，对于你可能微不足道。但是这 100 美元，对于得到的难民来说却价值巨大。为了实现这笔交易，欧洲人也应该接受难民。"

14. 资本主义的逻辑并不全面

加布里埃尔：从某种意义上来说，资本主义是物质生产条件的逻辑体系之一。但是，资本主义的逻辑并不包括所有现实情况，即不能用逻辑和原则来解释所有现实情况，可以说从形而上学意义上讲并不全面。

因为资本主义就是一种逻辑体系，所以我们必须打破那些不符合逻辑的现实。今天已有人开始这方面的尝试，如在以语言活动为特征的象征界，就幻想着人类放弃生命，而成为人工智能的一部分。数学概念中微分方程的奇点也是如此。这些东西基本上都承担着打破不合理现实的任务。资本主义企图以破坏环境等方式来破坏地球，那是从资本主义的逻辑导出的必然结果。逻辑本身没有破坏性，而基于逻辑形成的物质生产条件体系才具有破坏性。

赛德拉切克：也就是说，形成资本主义的应该是……

加布里埃尔：是的，就是逻辑。换句话说就是"形式逻辑"，即资本主义基本上就是形式逻辑。

赛德拉切克：我们再从地球环保角度来看。作为一位经济学家，我稍微夸张点儿说，只有在赋予经济价值的情况下我们才能"看到"地球的环保程度。例如，我们之所以能"看到"干净的地球和空气，是因为给二氧化碳排放量标注了价格。

现实和概念的矛盾，比起物理学，经济学上可能更多一些。在物理学上，下落这一现象的理由还没有弄清楚。尽管现实中这种现象经常出现，但是无任何破绽的理论目前还没有建立。

资本主义的经济体系也与此相似。众所周知，经济学和物理学上有一个相似的笑话，就是"不能把微观理论和宏观理论结合起来"的笑话。我们认为，这似乎可以看作是经济学家在效仿物理学家的错误。

要追求完美的体系，就不能缺少完美的理解。如果不能解释所有现象，就一定无法构建完美而正确的体系。

我经常把马蜂的故事作为极端例子来讲。虽然我们大家都知道马蜂会飞，但是按照 20 世纪 30 年代的航空力学理论推导，马蜂翅膀过于光滑，升力不够，所以不可能会飞。正因为马蜂的飞行与当时的重力学理论相左，所以才有人明白航空力学理论是错误的。当然，不能因为马蜂会飞，就否定指导人类实现了登上月球和探测火星的理论，以及其他那些做出巨大贡献的理论，这也是非常可笑的。

在我们所处的世界里，有一些东西可以用数字来表示其价值，更直观些来说就是我们看到的价格。大部分东西都可以用数字来表示。但也有一些价值不能用数字来表示，比如爱、友情、美学、安全、和平等。这些东西虽然都有很大价值，但是因为不能用数字表示出来，所以就无法进行比较。

就是说，无论运用多么完美的系统和数学表达式，也得不出计算结果。这就如同经常用单脚跳跃一样，因为会有很多的数字从计算中漏掉。我们甚至不知道没有计算在内的价值所占比例到底是全部的一半呢？还是 20% 左右？或者 80% 左右？

加布里埃尔：您说的非常对。

15. 资本主义将会不断扩张

赛德拉切克：我的很多研究伙伴认为，通常不能用数字表示的价值，也应该能用数字来进行衡量，比如空气的清新度和树木的价值等。这就是现在经济学界正在开展的活动。

但是，如果朝着这个方向发展的话，世界就会变成像英国电视剧《黑镜》里那样，连笑容也用数字来进行衡量："笑容比刚才减少了，现在扣一分。"也可能会变成一个常常用数字来表示价值，像衡量硬件价值一样去衡量软件价值的世界。如此一来，从经济学方面来考虑，也许会更加合理。相信那时连婴儿的笑脸也会因为有经济价值，而成为交易对象。交易本身并不是坏事，我们也经常进行交易，问题在于如何实现正确的交易。

加布里埃尔：是啊！因为不断进行经济扩张是资本主义的本质属性。

赛德拉切克：是的，正因如此资本主义才会不断努力扩大生产、增加生产额。

赛德拉切克提出自己的主张

　　加布里埃尔：我们可以用存在论来解释资本主义体系，因为这种体系存在观察对象。对于资本主义来说，除了将经济发展扩张为本质属性外，成功也非常重要。但如果资本主义体系是建立在成功这一概念基础上的话，那么在成功的那一刻，它就一定会想去控制更多此前没有观察到的事物。

　　这种情况和企业一样。我们假设一个企业达成了某项目标，即取得了成功。但是，如果它反复做同一件事，那么此后它就无法再取得新的成功了。如苹果公司即便发明了 iPhone，也不能一直只制造同一款 iPhone，否则就无法再取得成功。

要想一直作为成功者，不仅要实现目标，更要保持成功状态。方法就是，要努力寻找以前没有观察到的东西，同时还要承认存在一些之前不存在的东西，并赋予价格。这就是资本主义的特性。

赛德拉切克：作为一个经济学家，这个我可以理解。因为它也可以用来回答"资本主义是如何变化的"这一问题。

关于"承认存在一些之前不存在的东西"这一点，可以举例说明。20 年前，捷克的自然环境治理非常差。如我经常在河里洗车，许多工厂将废水直接排入河中。这些事情虽然不好，但是二三十年前大家都那样，也就习以为常了。但随着"保护环境"这一新价值观的渗透，再没有人在河里洗车了，企业也不再将有毒物质排放到河里了。

知识改变人类生活。20 年前，说到环保恐怖分子，几乎没有人知道是什么意思。但是，今天的环境保护组织拥有政治权力，成为政治上和商业上的一股强大势力。人们终于看到有些人在过激时就会蜕变为"环保恐怖分子"。

今天的环保垃圾分类中有个有趣问题，就是没有人知道把塑料和纸细分到何种程度才正确。虽然这是个很愚蠢的问题，但是当我拿起纸和塑料做的容器时，我还是会想："我会是哪种笨蛋呢？是完全不区分就直接扔掉的笨蛋？

还是彻底细分后再扔掉的笨蛋?"

不过话又说回来了,就像20年前绿色和平组织进行的反捕鲸活动一样,新的冲动、热情的冲动使资本主义扩张了,这种扩张建设性地改变了资本主义。

16. 大气污染让新鲜空气变成了商品

加布里埃尔：是啊！我认为资本主义本身也有同样的滥用权力倾向。一旦打着保护环境这种原本非营利的道德行为的幌子，开始测量之前没有进行测量的"自然"的话，"自然"很快就会被消耗掉。资本主义已开始有这种倾向。

例如，美国加利福尼亚州实行了非常细致的垃圾分类方法。当人们开始注意区分垃圾的时候，就会从关注垃圾发展到关注食物；在尽量不使用不可降解塑料制品的过程中，渐渐变成素食主义者了，继而还会引发很多事情，带来很多变化。

因为关乎生死，所以大部分人会选择更健康的东西。但是有时人们会对某事执着到变成恋物主义。在与自然的关系上，这很可能会让人产生一种强烈冲动，采取破坏环境的恐怖行为。

我认为，我们有必要再次认识到，自然是根本无法理解的。古希腊哲学家赫拉克利特说过："自然喜欢躲藏起来。"而我们忘记了这句箴言，误以为"自然想要把一切都暴露出来"。

赛德拉切克：从量子力学的角度来讲，自然是存在这样的属性的。你一追，它就逃，然后躲到看不见的角落里。

关于环境保护，如果资本主义是一个人，他一定是这样想的："我们就姑且同意你关于环境保护的主张吧。但是，条件是它必须成为我的一部分。"也就是说，环保也是资本主义的组成部分之一。

加布里埃尔：这就是现实中正发生的事情。不是资本主义发生了改变，而是资本主义吸收了绿色和平组织的反对运动。

赛德拉切克：然后把空气变成了商品。

加布里埃尔：没错，就是那样。你看看许多国家越来越严重的空气污染问题就会理解。

这就像如果在你家附近开了一家游泳馆，人们就会想着去买泳衣。但是，如果游泳池里没有水的话，大家就不想买泳衣了。同理，如果空气受到污染，人们就会想着去买干净的空气。实际上，我并不认为大气污染原本有这样的企图，但是资本主义体系确实就是那样发挥作用的。推进工业化，导致大气受到了污染，被污染的空气留在了原地，干净的空气却被商品化了。

　　赛德拉切克：并非是为了买卖空气而故意污染了空气……

　　加布里埃尔：是的，不是故意的。

17. 寻找 "内部的外人"

赛德拉切克：我觉得您那样想很对。话虽如此，要想事物处于良好状态，就必须在状态不好时储存能量。

我这两天肚子疼得厉害，今天早上刚不疼了，大概再过两个小时就会彻底忘记。从疼痛上我想到，全身可能会疼的地方大概有 1 万处，另外还有很多精神上、哲学上的痛苦未计算在内。但是，这些就如同我们没有实际感受到疼痛，疼痛就不存在一样。我把感觉不到腹痛的原因归为体内能量，但这一点只有在经历了痛苦之后才能做到。

加布里埃尔：的确是那样。除此之外，现在发生的很多事情也都可以作为能量。

如为了促进经济增长，我们一直在寻找异质的东西，它们就是 "内部的外人"。我认为，2008 年的金融危机，从某种意义上来说便是一次从内部崩溃的尝试。也可以说是资本主义体系在顶峰时期进行的一次危机模拟试验。的确，之后的种种迹象表明，危机产生了各种各样的原动力。资本主义经历了一场波折。

　　而且，我认为现在资本主义体系内部正在进行新的实验。"内部的外人"正变化成各种不同的形式，反反复复不断出现。

　　2017 年 10 月，美国内华达州的拉斯维加斯发生了一起机枪扫射事件。从象征意义上来说，这起事件很耐人寻味。首先，事件发生地在拉斯维加斯的乡村音乐演唱会会场。其次，这种行为当然属于恐怖行为，但是却没有任何消息明确事件性质。

　　赛德拉切克：凶手不是恐怖分子，只是因为实施了恐怖行为而被称为恐怖分子而已。

　　加布里埃尔：你这么说也对。从某种意义上说，凶手斯蒂芬·帕多克告诉我们，反抗势力和异己并不是简单以恐怖活动的形式表现出来的，其中也包含有象征性的意义。

　　自特朗普任总统以来，美国接连出现了各种各样的危机，飓风、枪击事件……当初，特朗普打算把难民当作"内部的外人"代表来对待。但是，因为美国国内的难民数量不足以造成问题，所以难民问题很快就被排除在了目标之外。不仅其他国家公民入境由于审批限制暂时停止了，而且美国政权内部也出现了"这样效率太低，我们要寻找其他'外人'"的呼声，于是导致现在出现了很多

"内部的外人"。

赛德拉切克：所谓"内部的外人"，就是汉娜·阿伦特所指的异己吗？

刚才我们提到了拉斯维加斯的机枪扫射事件，凶手曾经是个会计师。当时看着报纸我就在想："今后，当过会计师的有产阶级会成为危险人群吗？"于是，脑子里浮现出2011年7月，发生在挪威的系列恐怖袭击事件凶犯——布雷维克的样子。为什么会想到他呢？因为这两人有很多共同点，两人都是白人，都受过高等教育，也都不是过激派。布雷维克是原教旨基督教人士，但帕多克不同，他是一个嗜赌如命、挥霍无度、靠投资房地产赚钱的人。

为什么斯蒂芬·帕多克能拥有42支枪？又为什么他能把那么多枪带入酒店呢？在美国，无论走到哪儿，即使是老太太也不例外，所有人的一举一动都受到监视，哪怕只是系下鞋带。然而，帕多克带着大量枪支进了酒店，却没有一个人说什么，这是为什么？这正表现了异己荒诞不经的一面。这个异己不是来自外部，也不是恶魔捣的鬼。事实上，帕多克早在几年前就开始谋划这次的枪击事件了。

18. 不要低估特朗普

赛德拉切克：你觉得特朗普能当上总统，是因为哲学正处于解体状态吗？

加布里埃尔：是的，我认为是那样的。我认为特朗普不仅不傻，他还是一位优秀的媒体理论家。很多人，尤其是哲学家等通常被称为知识分子的人，都有低估他的倾向。特朗普著有很多畅销书籍，大家为什么要低估他呢？《跟亿万富翁学思考》《富爸爸：为什么我们希望你成为有钱人》等都是他的作品。

赛德拉切克：您看过他的书吗？

加布里埃尔：我看过《富爸爸：为什么我们希望你成为有钱人》这本书。

赛德拉切克：那本书简直荒谬至极。

加布里埃尔：可是，即便如此，特朗普仍旧是个成功者。我认为，他已经依靠自己的经验构建了一套优秀的媒体理论，他本质上是一个非常聪明的人。如果不聪明，他就赚不了那么多钱，也当不上美国总统，特朗普能做到这些绝非偶然。

　　另外，不管他做什么，最终都会被原谅。依我看，他之所以会被原谅，是因为他用"正确"的方法把仇恨引向了"正确"的方向。即使他做出抱紧星条旗这种荒唐举动，人们对此的反应也只会说一句"算了吧"。如果捷克的第一任总统哈维尔、德国前总统约阿希姆·高克以及德国现任总理安格拉·默克尔等人，只将类似的事情哪怕是做一点点，他们的政治生命也就结束了。然而，似乎特朗普却因此获得了更高的支持率。我实在不能理解，令人无法容忍的事情他们做得越多，越能得到某些人的支持。

　　我曾经看过这样一份调查结果，即使有证据证明特朗普杀死了婴儿，站在血泊之中，共和党中那些支持特朗普的人也会把它当作虚假新闻。另外，据说投票给特朗普的人中，41% 的人无论他做什么都会一如既往地支持他。这样的总统以前从未有过。

19. 特朗普的媒体理论

加布里埃尔：那是因为特朗普的媒体理论是正确的，即他的真人秀节目在美国传媒界大获成功。在传媒界，美国的各类节目席卷全球。因为特朗普清楚在那种体系中取得成功的秘诀，所以不可能没有正确的媒体理论。有正确的理论指导，才能采取正确的行动。

赛德拉切克：那是什么理论？

加布里埃尔：那究竟是什么理论，我说不清楚，只有特朗普自己知道。否则，我就成亿万富翁了。但是，据我所知——其实这也是我刚想到的，他的媒体理论是一种和"资本主义是一种体系"相似的理论。他不是认为媒体价值中立吗？另外，他能正确看待信息处理方式。站在那种角度可以清楚地看到，要实现下一个目标，应该如何去做。看清楚这点之后，他才会付诸行动。

知道在资本主义体系中，怎么做才能为自己和伙伴带来好处，如果这就算"聪明"的话，那么特朗普一定是最聪明的，他所采取的"战术"都是基于这个理论的。

加布里埃尔与赛德拉切克大谈特谈特朗普

　　对美国情况有广泛研究的法国媒体理论家、社会学家让·鲍德里亚有一本名著叫《消费社会》。这本书完全就像一本规则手册，用哲学和社会学的观点解释了特朗普所做一切。看起来似乎特朗普读了那本书之后才明白应如何做，实际上根本不需要读。这是因为，鲍德里亚的理论早已被纳入了美国的媒体理论体系之中。

　　媒体理论家一直影响着媒体。媒体与媒体理论相互作用，并将作用结果汇入信息处理模式中，从这点上也可以看出特朗普很聪明。对于后现代主义哲学家们来说，特朗普就像噩梦一样，他是鲍德里亚提倡的"超现实"这一概念的完美体现者。

关于"现实"，让·鲍德里亚认为，如果将一个表象与另一个表象联系起来，并不断反复进行。那么，当其"象征界"出现的时候，人们就会觉得它比现实更加真实。也就是说，即使现实中有孩子被杀，特朗普站在血泊之中，但是媒体反复报道说那是假新闻，渐渐地人们也会觉得媒体才是真实的。

赛德拉切克：经济学上一样可以这么说。近年来，全球儿童死亡率每年减少 4%，这真是天大的好消息。人们关心的却是 GDP 发生 1%~2% 的变化：上升，则大喜；下降，就大喊欧盟要垮台了。尽管谁都不知道变化会带来什么影响，但依然如此。这个问题连经济学家都不明白，即使明白确实发生了变化这种事实，但是到底会对经济活动产生什么样的影响呢？这一点他们并不真正了解。

之前在上一期节目中我说过，《魔戒》中的虚构国家——魔多的 GDP 比精灵们居住的裂谷——瑞文戴尔的 GDP 要高 10 倍。魔多人砍伐树木，推进工业化，积极为战争做准备，GDP 增长率在 32%~34% 左右。而由于瑞文戴尔不生产任何东西，只是将祖先的东西代代相传，所以 GDP 增长率几乎为零。可是，即便如此，也只有少数人愿意去魔多。这不正是应有的状态吗？

还有一个例子就是难民。与德国一样，捷克也在 2017

年 10 月举行了下院选举。我觉得，决定选举结果的是那个不存在的第 13 位难民。说起来觉得实在愧对国际社会，在选举前，捷克接收的难民只有 12 人！请注意，不是 12000 人，也不是 1200 人，更不是 120 人，而是 12 人！占到选举讨论话题有八成的是关于那个根本不存在的第 13 位难民，而对于实实在在存在的问题，比如用于大型强子对撞机的新型粒子加速器试验取得成功这种事情却根本就没有被提上议题。这完全就是不注重现实。

您知道制造和运行欧洲大型强子对撞机所花的费用吗？这是全世界目前最先进的科学研究项目，胜过今天脸书和谷歌的创新。如果大型强子对撞机加速器在欧洲取得飞跃式进步，那么带来的变化甚至会影响到地球的构造。然而，似乎没人关心这个。我再重复一遍，当前的现实问题是那些不痛不痒、无关紧要、实际上根本不存在的、充满误会的事情反而成了改变政治的真正因素。

对了，捷克选举的结果是，反对接收难民的新兴右派成为第一政党，而改选前作为第一政党的社会民主党，票数却远远后退了。

20. 市场本身就是外部效应

赛德拉切克：我赞成您的看法。但是，我认为这并不局限于资本主义，这是所有的意识形态共通的，如各种宗教，甚至科学也一样。

加布里埃尔：当然，我也那么认为。

赛德拉切克：大多数意识形态都会将不同政见者清除出去，不允许其存在。而这正是经济帝国主义一直对人类所做的事情，他们一直都在清除不同政见者。有位捷克哲学家说过："市场把自己伪装成评价外部效应的场所，实际上市场本身就是外部效应。"我认为这个观点非常好。我们经济学家有什么权利决定外部经济和外部效应是否符合经济发展呢？经济学家或者经济理论可以判断孰好孰坏、孰是孰非吗？

正如那位捷克哲学家所说，市场本身就是外部效应。我卖东西给谁，从谁那里买东西，或者雇用谁，其实都不是为了市场，我也根本不在乎什么市场。这就是一个典型的无意中影响到市场，产生了外部效应的事例。人们会判断那是正的外部效应还是负的外部效应。在这里，主观和客观已发生逆转。

因为存在此类事情，所以我相信一定存在一只"看不见的手"。但是，这只"看不见的手"不是市场，而是社会。估计我这么说会令你感到意外，但在社会上的确总有一些协调力量在反复发挥着作用。

如社会如果过于官僚主义，卡夫卡就会受到关注；而社会过于重视企业和经济发展的话，就会从不知道的地方冒出很多嬉皮士。你对年轻人说，应该感谢拥有工作。他们却说，工作什么的对我根本无所谓。那么请问，这股魄力到底来自哪里？

21. 为什么世界不存在？

赛德拉切克：我觉得"看不见的手"这一理论非常伟大。哲学以及其他人文类科学竟然把这一"伟大的社会财富"只交给经济学，着实令我感到费解。知识分子们应该加强沟通和交流，因为下一只"看不见的手"由谁操纵都不奇怪，它会出现在任何我们猜想不到的地方。

加布里埃尔：我对此表示赞成。我相信，如果你的"看不见的手"扩大化成功的话，在哲学上必然也会从我所从事的"认识论式的多元论"研究推导出理论上不存在包含所有规律的规律。而这就是我所说的"世界不存在"之意思。没有哪种学问的研究对象能囊括世界上的所有事物。因此，不存在可以优先于其他一切的规律。

物理学也不例外。如物理学中的天体物理学研究宇宙，它会告诉大家，宇宙大约诞生于距今 138 亿年。尽管物理学可以解释特定对象，可是它不能解释选举。同理，用物理学也无法证明印象派画家中乔治·布拉克和毕加索哪一个更优秀。作为画家，显然毕加索优秀，但是作为印象派画家，也许乔治·布拉克更胜一筹。至少这种可能性值得讨论。而且如果要讨论的话，就需要汇集历史学、美术学、哲学等多方面的专家，这时就很有必要加强各学科领域之间的合作。

我们无法简化现实，因为现实本身有无限多样性，没有人能把它固定为某种特定模式。

对资本主义的抵触，就是从现实开始的。对物理主义的排斥也是一样的。所谓物理主义，就是指认为所有事物都可以用物理学解释的哲学观点。

赛德拉切克：这似乎是所有学科发展过程中的必经之路！经济学如此、哲学亦如此。

加布里埃尔：是的，哲学在这条路上走了2500年。现在的哲学表现出一副谦虚的、没有统领其他学科的姿态，以不统治进行统治，就是哲学从现实出发而采取的新战略。

赛德拉切克：在我看来，哲学给人的印象就是，哲学是所有学科的母体，其他学科都是从她身上长出的枝条。所以，我希望哲学能起到将各个领域联结起来的黏合剂的作用。比如，哲学家可以给经济学家建议："你们做得很好，但是你们的研究对象领域是这儿，不是所有领域。"

22. 现在正是哲学复兴的时候

加布里埃尔：不过，近50年来，哲学没有发挥自己应有的作用。对此，哲学家路易斯·戈登称之为"学术衰退"现象。当然也有例外，有一个时期，在巴黎有很多优秀的哲学家，法国哲学走在世界最前列。在那段时间，哲学家充分发挥了自己的作用。

现在为了说明各个学科领域的作用，也需要哲学复兴。但哲学家的作用，绝不是针对特定问题纠正物理学家和经济学家的错误。

赛德拉切克：你的意思是哲学正把纠正方法交由各个学科自己解决吗？

加布里埃尔：是的，就应该那样。如我不会计算GDP，我是求教计算方法的一方，而不是教授计算方法的一方。哲学家能做的，就是当一个音乐会的组织者。

赛德拉切克：方向搞错了。

加布里埃尔：是的，所以导致哲学衰落了。

当然，也有经济方面的原因。经济学以大规模商业学校的形式统治了大学。在那种模式下，为了得到报酬，哲学家们渴望工作、渴望成为老师。这种生产、再生产哲学教授的制度，导致活跃在社会上的哲学家数量越来越少。

对于事物的状态，所有哲学家都有责任去努力构建理论，无论是更接近现实社会的哲学家还是学术界的哲学家。这是哲学家们的责任和义务。但是，很多哲学家因为"学术衰退"而没有做到这一点。

我觉得，2008 年的金融危机已经敲响了警钟，而唐纳德·特朗普的上台再次敲响了警钟。据我推测，大学所属的哲学家中，70% 的研究处于休眠状态。同时，也有越来越多的人越过学派界限意识到社会急切需要哲学。

赛德拉切克：您觉得现在的情况与结构主义和存在主义出现前的情况相似吗？经济学界也发生了同样的事情，但是看起来哲学界似乎更为严重。

加布里埃尔：是啊，我就是个存在主义者，我即将出版一本名为《新实存主义》的书。我的书中有不赞同存在主义的部分，也有直接关系到经济的内容。

存在主义（或者我提倡的新实存论）认为，人的存在正是因为有了"人"这个概念才出现的。很多人好像都忘记了卡尔·冯·林奈，他在《自然系统》一书中将人类命名为"智人"。不是像植物和动物一样给人类下定义和分类，只是在"智人"一栏里填上了"了解你自己"。

存在主义认为，"人"才是对"什么是人"这一问题的回答。我认为，当20世纪法国哲学家当让-保罗·萨特说出"存在先于本质"的时候，他的头脑中就已经有了这个概念。也就是说，人的本质是基于"什么是人"这一人的信念而形成的。

我觉得，我们必须站在这个角度加以哲学地思考。新实存论是站在人的角度上的哲学，是后人文主义。我想，现在需要的是与人相关的最先进的哲学。

赛德拉切克：这似乎和我目前正在研究的"人类主义经济学"也有共同之处。

加布里埃尔：这真有意思。

23. 没有基础理论，世界就将灭亡

加布里埃尔：刚才您指出，并非所有的不平等都存在问题。问题并不在于不平等现象本身，而是它会在某个时间点发生从量到质的转移。以巴西为例，我们很难确定问题出在哪里，可即便如此，我们仍能看出一定存在某种问题。对于这样的矛盾，就需要用优秀的理论和恰当的观点进行分析。

我认为，资本主义可能会产生更多的矛盾，最终导致人类灭亡。实际上，由物质生产条件引起的世界毁灭已经近在眼前。我想，对于现在正在发生的事情，如果不能建立一套有效的理论，世界毁灭之日就一定会到来。我们需要一套像马克思大力宣扬的科学社会主义理论，或者像黑格尔的《哲学科学全书纲要》那样强大的科学理论。为了建立这样的理论，就必须从包括人文科学在内的众多学科领域中选取适当的领域合作。我们需要基础理论。

"故事"没有结束，也不该结束。确切地说，我们需要宏大的叙事，更需要宏大的理论。如果没有这样的理论，权力就会轻易地掌握在特朗普那样的网红手中。他至少还有中型理论，虽然不是很宏大，但是作为理论，它取得的结果不仅不算坏，实际上还是成功的。我们需要的是和以前完全不同类型的学问和理论。

赛德拉切克：你觉得新的学问和理论会对我们所有人都有益吗？

加布里埃尔：是的，一定会的。

☯ 小国王

　　我们策划了一场由两位在欧洲备受瞩目的天才进行的"异种格斗技"（不同武技选手同台竞技）比赛。我们告诉了双方"比赛对手"的名字，并征得了他们同意。双方似乎都很期待与对方同台竞技不同"武技"，而且对谈进行得很顺利。

　　赛德拉切克表现得主动一些。因为他已经派人打探清楚了加布里埃尔的"战斗能力"，似乎认为这个对手很合适。最终，他推掉了在捷克首都布拉格的活动，专程调整日程安排来到德国波恩。

　　在波恩大学国际哲学中心的加布里埃尔办公室里我和赛德拉切克等了大约10分钟，加布里埃尔才慌慌张张地跑来。

　　他十分亲切、诚恳地道歉说："对不起，我迟到了。因为我得送孩子……"那时，我完全被他吸引了。

　　他的形象给我留下了极深的印象。他的一头金发梳得整整齐齐；经典而时尚的眼镜后面是一双小却炯炯有神的眼睛；脚上一双擦得锃亮的皮鞋；还有一身发出鲜艳而深邃的蓝色光泽的西装，这种颜色，我似乎是第一次见到。

在我架设调试相机的时候，他们像是热身似的，已经开始围绕最近的 AI 研究侃侃而谈，似乎早都等不及了。

因为加布里埃尔后面还有安排，所以拍摄时间只能卡在两个小时之内。我一边观察着才华横溢的两位智者，一边反复思考应该如何拍摄这段访谈。

我拿定了主意，递给他们一张写有五个中心话题的纸，用蹩脚的英语如实表达了自己的意图之后，就把一切都交给他俩了。说起来，我还是第一次采取这样的做法。

提示铃响后，两人滔滔不绝地谈了整整两个小时。上半场既像在谈论能用多么美妙的修辞来描述资本主义，又像是彼此在试探对方的力量；下半场则像爬上螺旋式楼梯似的，最后到达终点，即关于哲学和经济学使命的讨论。

意识和印象相互碰撞，逐渐走向融合……我目睹了一场充满智慧的高层次会谈。

拍摄结束当天的晚上，我们在一家可以将波恩街道一览无余的老字号餐厅里举行了晚餐会，东道主是加布里埃尔。饭桌上，从政治到文化、再到娱乐，他不断地向在座的人抛出各种话题，完全就是控制全场的"国王"。也许是因为白天拍摄的时候用完了力气，赛德拉切克反倒显得安静得多。

晚饭后，我向加布里埃尔表达发自内心的感激和敬佩之情，随后带着几分捉弄的语气问他："你不是什么都懂吗？"他耸着肩膀说道："哪里，我最搞不懂的是孩子。我儿子简直就是只不懂事的怪兽。"这是多么豁达的人生观和敏锐的才智啊！我终于鼓起勇气承认，这二者根本不会矛盾。

导演　大西隼

后 记

接受永恒的悖论时

在本册书中，柯恩与安田、加布里埃尔与赛德拉切克就当今的经济、社会、资本主义，直至人类存在的根源等问题进行了发散式、深刻的畅谈，大家阅读后感觉如何？

柯恩敏锐洞察后发现，科技的发展并不一定能带来经济增长，但一定会产生榨取想象力的极端逆论的负向事态。加布里埃尔的名言妙句是：资本主义的本质就是一场秀。各种隐喻交错的充满智慧的对话，激活了拥有无穷想象力的人们，以及对其中如离散数学般的幽默感到晦涩难懂的人们。特别是加布里埃尔和赛德拉切克的对话，他们的思想水乳交融，其后半部分话题更是跨越经济学范畴，形成了一连串的妙语连珠。

也许有人认为，对话是脱离现实的高谈阔论。但是，正是这番对话会令被人们视为圭臬的经济学和哲学框架加宽乃至拆除。谈话者灵活使用亚文化的比喻，跨越历史、文化、地理等学科，令对话越来越接近资本主义本质。大的潮流、时代变革的思考，以及精神运动的可能性之探讨也使我们感到大有裨益。

现实中，对谈的即效性、对策的思考固然重要，但持有本能的怀疑也必不可少。实际上，只注重大脑获取到的自己能解决的信息，并以自己的语言解释，只是为了适应社会，紧跟眼前现实，而结果就是会出现不少人连自身欲望都不清楚的现代资本主义。要是支撑欲望的原始能量被压制，并由这些压抑的人群组成的社会是相当之恐怖的。对未来的丰富畅想也被收敛起来的后果，现在也许在世界各处都已开始显现。

以上这些言论可能会使人糊涂，但的确是今天现实的写照。每当思索起那些文字，我的脑海里总浮现出一幅画面：一只巨大的变形虫胡乱地爬到建筑物的所有缝隙里，想要抓出什么。然后，它又像尺蛾虫一样认真地测量着猎物的尺寸。这是变形虫和尺蛾虫共同的表演秀，听起来多么地荒唐无稽、幼稚怪异。可那正是 20 世纪 80 年代初期，日本泡沫经济发生前夜，我脑海里产生的奇妙真切的景象。

　　小学时，我只要看到圆谷制作公司的奥特曼系列、在休息日公演的东宝哥斯拉系列就欢欣雀跃。但那个魂不守舍的少年怪兽迷，如今已落魄成一个有妄想症的中年人，让人付之一笑也无所谓。

　　只要有缝隙，变形虫便能无缝不钻，有所收获。只要有差异，资本主义就会产生附加价值将一切变为商品。经过因机能而差别化后，难道不是广告印象战略及消费信息时代之后的资本主义动力来源吗？因差异而形成的商品被称为差别化商品，它们采用多样的表现形态，而实际上都是同一种价值尺度的表现，也就是作为商品价格、销售额全部被数值化。

　　以前曾有个杂志叫《广告评论》，它行走在资本主义的最前沿，给广告人带来了光亮。20 世纪 80 年代中期，里面刊载了代表那个时代的广告撰稿人糸井重里和广告制作人川崎彻的谈话录。他俩在围绕创新话题时侃侃而谈，结尾说也许该到把感冒当作商品买卖的时代了。不知这是否真心所想还是开玩笑呢？今天，所有的东西都被商品化，和别的商品形成差异。这样的资本主义里，只要有新东西出现，就一定能成为商品。只要存在差异，感冒时的乏力、微热、倦怠也能成为商品。这真是个黑色幽默。实际上，把感冒作为商品之前，类似的东西早已成为商品。

我感觉到那个时代的预言正向我扑面袭来。

将所有的差异化为商品，又把其处于同一个计算器之下进行换算，会因为变得多了、进步了而高兴，从进步本身发现意义所在，维持着社会的动力。这正是资本主义。

加布里埃尔在谈及"难民"时认为，当全球化成为普遍现象时，即便自处于内部也能成为"局外人"。相信在他脑子里还有更加抽象的模式播放着内外部之间的竞争场面。

不断追寻外部，通过商品化实现"内化"的繁殖力为生命的资本主义，自身无法阻止自身的扩大化，确实是不能停止的。为了维持资本主义的生命力，就必须巧妙地利用外部人的存在。不仅是加布里埃尔，这也是赛德拉切克和柯恩的共同认识，虽然语气上有些许不同。只要有假想敌，就会使资本主义机能更加健全，这真是讽刺的事情。所以当那个"铁幕"被拉掉散架之时，资本主义在哪里追寻外部就又变成了很大的问题。

实际上，所有的差异被商品化，这就是资本主义最让人恐怖的地方。连空气也被商品化，估计只是赛德拉切克提出的即兴之作。

但是，这种状况不能仅仅用肯定或者否定来看待。至少从合法的利息体系诞生以来，或者工业革命以来，无休止的竞争已对生产力造成严重破坏，即便提出创新规则的熊彼特不停修补经济学理论，也没太大用处。

大多数智力或想象的创作，经过一段时间，短的不过饭后一小时，长的达到一个世代，就完全湮没无闻了。有些却不。它们遭受了晦蚀，但是又复活了，不是作为文化遗产中不可辩论的成分而复活，而是穿着自己的衣服，带着人们看得见摸得着的自己的瘢痕复活了。这些创作，很可以称之为伟大的创作——我们的定义把伟大和生命力联结在一起，是没有弊病的。按这个意义来说，伟大这个词无疑适用于马克思的道理。

（引自《资本主义、社会主义和民主主义》一书第一篇小引。）

以上引文中可看出，与凯恩斯齐名的经济学家约瑟夫·阿洛伊斯·熊彼特的话里，无时无刻不透着讽刺的意味。即便如此，但对其拥护马克思没有一丝影响。文明论的大作《资本主义、社会主义和民主主义》从对卡尔·马克思的称赞开始。熊彼特诞生的 1883 年恰巧是马克思逝世之年，因此他才能如此毫不犹豫地解释着马克思预言的伟大。

可是，对马克思的赞誉带着不可思议的变调又开始了。他又这样写道：

> 我们用复活来说明伟大，还有额外的好处，因为借此可使它独立于我们的爱憎之外。我们不必相信一个伟大的成就，必然是光明的源泉，或者在根本宗旨上、在细节上必然都是无过失的。正相反，我们可以认为它是黑暗的动力，我们可以认为它是根本错误的，也可以在不论多少论点上不同意它，对于马克思理论来说，这种非难甚至精确的反驳，由于不能致使毁损它，只起了显示这个理论力量的作用。
>
> （引自《资本主义、社会主义、民主主义》，一书第一篇小引。）

当然，最后这句"理论力量的作用"很抢眼。但是，中间的"根本错误的""精确的反驳"两句短语是真正的肯定吗？不得不使人感到疑惑。可是，又可以说那不是"致命伤"。

究竟熊彼特从马克思那里收获到了什么呢？要理解其本质，进而把它作为发送给当今的惊人的声音，也许会有新的发现……为此，应该进行舒缓的思考之旅。

实际上，这个在奥匈帝国出生的"异才"的形成肯定与欧洲特有的土壤环境有关：既可能是与生俱来的个性，也可能是成长期的环境所致。他的著作里常见隐含着晦涩的讽刺笔触。当然，其著作里也总是论点不断，放出不可思议的光彩。

熊彼特享誉全球的集大成著作是《资本主义、社会主义和民主主义》。这是一本在 1942 年完成的大作，当时第二次世界大战还在进行。本书在经济学、社会学、哲学中具有重要地位。其中最令人印象深刻的一句话是：

资本主义能活下去吗？不，我不认为它能活下去。

（摘自《资本主义、社会主义和民主主义》）

熊彼特就这样断言之。在其著作里也多次强调，可以说是《资本主义、社会主义和民主主义》里面最重要的思想，是字里行间的主旋律。

资本主义体系能取得现实与未来的很大成就，这足以否定它将在自己的经济失败重压下崩溃的观念。

然而正相反，正是它的成就破坏了维护它的社会制度。同时，也"无可避免地"创造了它活不下去的诸条件，这些条件强有力的指定社会主义为第一继承人。

（引自《资本主义、社会主义和民主主义》一书第一篇小引。）

就这样，熊彼特熟练地用不同的措辞来诠释资本主义的极限。他认为，资本主义"正是它的成就"，即经济发展，反而令经济在重压下崩溃。

另外，熊彼特将资本主义不断变化前进与发展看作是其本质。此过程非静态亦非动态，是一种与时俱进的过程。所以，不断追求创新的人们不用害怕因创新而产生的破坏。做好后破坏掉，重新做好再破坏掉……如果厌倦这个循环那也就到头了。在本书里，加布里埃尔也说过类似的话，即苹果手机再好也不能一直生产同样的苹果手机一样。

人生是曲折发展的，不可能直线向前。内部追求者变化，可不久又想安定下来。连续不停地变化如果令人疲于奔命的话，人们又会想去找个安稳的场所休息一下。换句话说，就是使用获得财富的力量改变规则、守护自己。

但是，资本主义的阶级社会产生的阶级固化，必然会造成资本主义的停顿现象。熊彼特在其书中，曾对大家说道：

> 资本主义能活下去吗？不。我不认为它能活下去。但是像任何其他经济学家在这个问题上所发表的意见一样，我这个意见本身是索然无味的。评价任何社会预测，不应以汇集事实和论证得出的结论是或否为根据，而应以事实与论证本身为根据。它们包含着一切在最后结论中合乎科学的东西。此外的一切都不是科学，只是先知的预言。分析，不论是经济的或是非经济的，除了关于可以观察的模式中表现出来的趋势的陈述以外，永不会产生更多的结果。分析永不能告诉我们这个模式将要发生些什么，它只告诉我们，那些趋势如果像在我们所观察的时期中那样继续活动，又如果没有别的因素闯进来时将会发生些什么。"不可避免性"或"必然性"的意义绝不会超过这一点。
>
> （引自《资本主义、社会主义和民主主义》一书第二篇小引。）

　　熊彼特在其书中持续地探索人性，进而才看到了资本主义的阶级固化，从而验证社会主义到来的可能性。从这个意义上，熊彼特预言几乎全部正确。当然，这种表面性预言的对与错，对于思考资本主义的现状和今后发展都会有好处，在这个角度上我想指出熊彼特认识其预测核心的重要性。

　　那么，洞察社会变化本质的熊彼特所赞誉、马克思所发现的"黑暗力量"是什么？其实就在下面这句话中。

　　　　"手推磨"创造封建社会，"蒸汽机"创造资本主义社会。

　　　　（引自《资本主义、社会主义和民主主义》一书第二章。）

　　这个比喻非常清晰地表达出熊彼特理解了马克思所说的社会可能性，即强有力的时代技术水平制约着社会制度的状态。并且很害怕的是，它会无意识的影响、制约该社会制度下人们的精神状态、想法。这不是童话而是历史，这就是在现代社会也在静悄悄地持续推进的变化。

　　例如，我们可以看看这十几年的变迁，技术的变化直接影响着工作模式的变化，甚至改变着人们的感情、心理。原先用圆珠笔、钢笔手写的文件，被文字处理机所替代。后来电脑普及又用邮件来办公，其中还有 Word、Excel、PowerPoint 等令我们的表达方式多样化。再到当今的脸书、推特等，为了提高工作效率而形成的信息共用方式就这样戏剧性地发生着巨变。由于工具变化，随后工具所包含的信息形式、表达也跟着发生变化，进而工作的展开方式、规则也受到影响。也许会导致工作、劳动的定义产生动摇，继而影响组织的形式，最终改变社会样态。同时，最不应该忘记的是工作手段的变化不是表面的，而是直指工作者内心，也许其本人并未察觉，但影响是巨大的。以前，电话声此起彼伏，声音彼此交错嘈杂的职场，现在变成了只听得到大家默默坐在电脑桌前，敲击键盘的声音。工作方式的改变，使社会秩序也发生变革，最终使人们的心理也带来了巨大的变化。

生产方式或生产条件是社会结构的基本决定因素，社会结构则产生各种态度、行动和文化。

……

形成我们的思想的是我们的日常工作，决定我们对事务的看法——或我们所见的事物的方面——以及决定我们每个人所支配的社会活动范围的是我们在生产过程中所处的地位。

……

在其中，采用机械的磨粉方法成为实际的必然性，各个人各个集团是无力改变它的。

（引自《资本主义、社会主义和民主主义》一书第二章。）

"创新吧！不然只有死亡！"

这是柯恩描述现代资本主义的话语，乍一听有点蹊跷，其实它反而是熊彼特洞察资本主义的延续。

这样通过熊彼特解读马克思，再通过柯恩解读熊彼特，我们可以沿着马克思—熊彼特—柯恩这条线深思，能想象出未来的 IT 全面化世界、AI 人工智能世界是个什么样子。

近年，经常用 1% 富人和 99% 穷人来表示资本主义的阶级，表示资本主义的社会阶层已然固化。在电子化、全球化推进的社会结构的变化中，人们已依靠计算机计算出如果 1% 的人去做金钱游戏，那剩下的 99% 的人便会成为这些人的附庸。虽然我们已知人们不安心理的由来，可怎么才能阻止这种资本主义的必然发展方向呢？进退两难的我们究竟怎样朝前走呢？邪恶理论与黑暗力量。资本主义只有在平衡中才能继续前进，今天的改造只能算是权宜之计。

熊彼特从卡尔·马克思那里找到资本主义未来变化的可能性，那么依此我们应该从熊彼特的话语中能发现什么呢？

本书并不解读熊彼特所说的"向社会主义转型的预言"，本书解读的只是经济体系的兴衰导致制度性的停滞，进而产生和资本主义不同的文化和制度的可能性。这就是经济的流动性，这一流动性反而在其外围筑起厚厚的墙壁，最终令自己失去活力，最后它会变为一具僵硬的尸体。资本主义的内在动力慢慢地给外部"吐出"能量，以保持资本主义的存活。但是，内在动力终有耗尽之日，这种动力—动和静—静态的构造，要一直保持下去是困难的。动是静，静是动，是根本不可能出现的。很遗憾，资本主义是不会均衡地应对的，因为欲望总是过剩的。

大家是否记得，在电影《黑客帝国》中，有一幕是熟知虚拟世界与现实世界的墨菲斯给主人公尼奥提问的场景。墨菲斯问尼奥，是吃红药丸接受现实世界醒来，还是吃蓝药丸留在虚拟的世界继续做梦呢？在我看来，只有同时吃下两种药丸，才能真正醒来。

　　那么，资本主义是在"现实"还是在"虚构"的世界呢？其实回答哪个都可以。你选择什么，它就是什么。

　　在第一册书《欲望资本主义——规则改变之时》中，经济学家约瑟夫·斯蒂格里茨曾指出"亚当·斯密搞错了"。以此为契机，不仅揭示了"经济学之父"在《国富论》中的局限性，也说出了《道德情操论》中作者作为伦理学家的本质。赛德拉切克则把亚当·斯密的"两面性"用"两只脚站立"来形容，认为是我们现代人只有一只脚非常不稳定。提到凯恩斯，他不断地以"风险"和"不确定性"作为不同切入点，揭示出人类只看到事物的片面性、错误接连不断的悲剧。

　　亚当·斯密、凯恩斯、马克思、熊彼特等人，自不必说均具有超越时代的预言家之感，更和超越资本主义本质所孕育的二元论的感觉有相通之处。这些巨匠们其实都同时吃了红蓝两种药丸。因此，可以窥见现实和虚拟两个世界均处于均衡的状态。

　　每晚我翻开充满预言、矛盾的经济学巨匠的著作，思考着字里行间隐藏的秘密，不由得感受他们文字之精彩。

　　赛德拉切克认为，资本主义虽然在发挥着其令社会前进的作用，其实自己心里也已知道，自己早就力不从心了。

今天，当技术真正推动资本主义发展开始到现代，有很多的技术革新改变了人们的社会制度，改变了人心。那么，在这之前发生了什么呢？在马克思—熊彼特—柯恩组成的思想链条上，我们能看到什么呢？

对此，我们必须到 17 世纪工业革命前夕欧洲才能理解。笛卡尔、霍布斯、斯宾诺莎……在他们的引导下，欧洲出现了"近代科学"及"合理利己主义"。当然，仔细分析这些人的主张，虽会发现其各有不同，但从他们那里也可以感知到资本主义的萌芽气息。

随后，法国出现了大革命、英国出现了工业革命，一下飞跃到技术主导的时代。科技改变社会、改变人心。正如马克思指出的、熊彼特感受到的那样。

在这里，我们必须停下脚步认真思考一下：民主主义的出现及工业革命完成后最显而易见的结果是近代开始。其之前则是"神"主导的时代。这个"神"所指的与其说是宗教信仰的对象，还不如说是对万物创世之源、宇宙之源、自然法则等怀着的敬畏之心。对自然、宇宙、一切有存在道理的事物的敬畏；对超越人类智慧的爱、对看不见的事物的敬畏。而今天，敬畏只是词典里的一个普通词语而已，其真正内涵早已被人忘却。

因此，我们必须如实地承认，近代经济学也是时代发展的必然产物，其中充满了扭曲的、错综复杂的人类欲望。近代经济学曾试图科学性地分析经济学的主要原理。事实上，要画好需要和供给的曲线必须有个前提，那就是能准确客观把握自我欲望的"合理经济人"存在。"合理经济人"会比较和别的商品的诸多要素进行冷静判断。忠实于自己的欲望，把费用效果比作最高目标来看待的。

那么，合理经济人的主体到底是什么？假如它是近代所产生的，那他的来源又是什么呢？

把人看作与他人和环境没有根本"联系"的整体，或者只考虑这种孤立整体身上被人为地、虚假地实质化了的那些方面。属于这样的语言有：心与身、灵与肉、心理和生理的、人格、自我、机体等等，全是些抽象术语。

（引自《分裂的自我》一书第一章）

以上是从对传统精神医学怀有疑问，反精神医学的旗手 R.D. 莱茵医生的《分裂的自我》一书中摘引的一段话。在医学上，有一种病症叫综合失调症。它与莱茵医生所说的近似，是一种被世界所隔离，感觉自身在孤独之中被抛弃的疾病。莱茵医生曾追踪这类患者的心理轨迹过程，根据他的实际研究，并加入精神医学之外的思考，便有了《分裂的自我》这本书。

的确，书名起得恰如其分。置身于近代理论和科学技术主导的资本主义漩涡之中，普通人的精神也渐渐被分裂。就如同在加布里埃尔的话语背后响起了低沉的背景音乐似的，能从中听出哀叹的旋律也是不大容易的。

近代，神被推倒，世界脱离神的统治，进入以人为本的时代。也许可以说我们已经忘记了受丰饶之神馈赠的时代，其实更准确的解释是近代理论使人类对自然、对自己有了新的理解，进而也使科学技术给社会带来进步。近代经济学也在这个时代氛围中脱颖而出，成为揭示自我欲望的载体。

但是，即便如此，社会进步了吗？人类进步了吗？

当今，那个拥有怪异力量的资本主义，不单单束缚着商业交易、日常生活物质和金钱的交换，还在影响着社会，甚至改变人内心深处的想法。

本套图书第一册《欲望资本主义——规则改变之时》中，引用梅兰妮·克莱因的精神分析精髓，触及"欲望""羡慕"等词汇，本册则将拥有东西方智慧的世界巨匠收拢而来，在这个用各种比喻来表述人类不同时代的科学、理论、理性的规则而形成的光暗对比中，我们的想象无限扩大。

最后，向参加企划的大家致谢。安田洋祐自不必说，对录制节目的嘉宾赛德拉切克、加布里埃尔、柯恩等专家学者，节目负责人大西隼、高桥才也、山本宏明、中村美奈子、宫田耕嗣、佐藤新之介给予衷心的谢意，正是他们拼尽全力的努力，使得非常抽象化极高的内容成为人们能听懂、看懂的东西，高效的节目制作水平也为本书增添异彩。还有编辑矢作知子也给予我们很多的鼓励，一直协助到最后环节。由此，我要对所有参加人员表示由衷的谢意。

下面以罗马皇帝马可·奥勒留的《沉思录》中的话作为结尾。

缘于神灵的一切事物都具备神意。缘于命运的东西不会违背本性。

……

不管什么事物，都通过这里向外流出。你属于一种必然，这种必然为全宇宙的利益提供着服务。

……

一旦抛弃渴望获得书本的态度，你就能由衷地在感谢神明的状况中，愉快死去，而不是在怨言中死去。

（引自《沉思录》一书第二章。）

这是罗马帝国皇帝在战乱不断、四处奔走的孤独时间中的自我反省，即便在现代也回声嘹亮。在被事务缠身的时候，撰写的对于人性的探究。这里有很多关于神的记述。我们在考虑神所代表的真实面目之时，也许感到资本主义在今天也有异曲同工之妙了。

从近代开始，神消失了，我们可依赖的靠山没了。那么未来，等待我们的将是什么呢？

有可能人工智能正在代替神的角色，乃至代替人的角色。那时已然失去生存意义的人们，其隐藏的欲望将何去何从？

实际掌握人类命运钥匙的到底是谁？这些问题会在下一册的"欲望资本主义"中探索。我们的对话也将持续下去。

日本放送协会公司制作本部节目开发高级总负责人
丸山俊一

马克思与熊彼特

主要执笔者

[日] 丸山俊一

1962 年生于日本长野县，庆应义塾大学经济学院毕业。NHK
Enterprise 制作本部节目开发执行制作人。制作有《欲望资本
主义》《欲望民主主义》《欲望经济史》《欲望时代的哲学》等 "欲
望" 系列节目。同时也于东京艺术大学、早稻田大学进行社会
哲学课程的授课。

导　　　演

[日] 大西隼

1980 年生于日本东京，后随家庭辗转于东京、横滨与纽约之间。
东京大学科学博士。2008 年，他加入 NHK，曾执导拍摄过《地
球出租车》《日本的困境》《伟大的心理实验》《不可思议之
世界发现者》。

欲望资本主义 **1**

当规则将要改变时

欲 望 の 资 本 主 義

欲望滋生欲望，欲望为何永远无法得到满足？
资本主义已经济封顶，
即将到来的社会变革到底是怎样的？

欲望资本主义 **4**

欲望资本主义 **3**

欲望资本主义 **2**

浙江人民出版社"财知道"系列丛书

之

《欲望资本主义》

本书同名电视节目正由日本 NHK 电视台在黄金时段播出
全面揭示欲望滋生欲望的资本主义

欲望资本主义 5：经济危机的本质

即将出版！

图书在版编目（CIP）数据

欲望资本主义 . 2 /（日）丸山俊一，日本 NHK "欲望资本主义" 制作组著；袁志海，梁济邦译 . — 杭州：浙江人民出版社，2022.2

ISBN 978-7-213-10318-6

Ⅰ.①欲… Ⅱ.①丸…②日…③袁…④梁… Ⅲ.①资本主义经济 – 研究 Ⅳ.① F03

中国版本图书馆 CIP 数据核字（2021）第 209737 号

浙江省版权局
著作权合同登记章
图字：11–2020–041 号

欲望资本主义 2

［日］丸山俊一　日本 NHK "欲望资本主义" 制作组 著　袁志海　梁济邦 译

出版发行：浙江人民出版社（杭州市体育场路 347 号　邮编：310006）
　　　　　市场部电话：（0571）85061682　85176516

责任编辑：方　程　李　楠

营销编辑：陈雯怡　赵　娜　陈芊如

责任校对：戴文英

责任印务：刘彭年

封面设计：异一设计

电脑制版：北京尚艺空间文化传播有限公司

印　　刷：杭州丰源印刷有限公司

开　　本：880 毫米 × 1230 毫米　1/32　　　印　　张：5.5

字　　数：92 千字

版　　次：2022 年 2 月第 1 版　　　　　　印　　次：2022 年 2 月第 1 次印刷

书　　号：ISBN 978-7-213-10318-6

定　　价：45.00 元

如发现印装质量问题，影响阅读，请与市场部联系调换。